I0476381

Pfandbriefgesetz (PfandBG)
und
Beleihungswertermittlungsverordnung - BelWertV

2. Auflage 2018

Impressum

© MGJV-Verlag, Hans-Much-Weg 14, 20249 Hamburg, Telefon: 040/ 32030589; Bitte wenden Sie sich mit Ihren Anliegen auch auf elektronischem Wege an uns: *MGJV.Verlag@gmail.com*

Inhaltliche Verantwortung und Aktualität: Redaktion MGJV

Satz, Druck und Bindung: Externe Dienstleister; alle Rechte MGJV-Verlag

Umschlaggestaltung: Gustav Broedecker. Alle Rechte MGJV-Verlag

Wir sind bemüht, ein ansprechendes Produkt zu gestalten, dass angemessenen Ansprüchen an das Preis/Leistungsverhältnis und vernünftigen Qualitätserwartungen gerecht wird. Konstruktive Anregungen nutzen wir gerne, um künftige Auflagen zu ergänzen und anzupassen.

Die Rechte am Werk, insbesondere für die Zusammenstellung, die Cover- und weitere Gestaltung liegen beim Verlag. Trotz sorgfältigster Bearbeitung und Qualitätskontrolle können Übertragungsfehler und technische Fehler nicht letztgültig ausgeschlossen werden. Fachanwaltliche Beratung wird durch die Konsultation einer Rechtssammlung nicht ersetzt.

- - - - -

Über eine Bewertung bei Amazon oder anderen Distributoren freut sich die Redaktion. Mit Kritik und Verbesserungsvorschlägen für künftige Ausgaben wenden Sie sich auch gerne an MGJV.Verlag@gmail.com

Vielen Dank, Ihre Redaktion MGJV

Inhaltsverzeichnis

Pfandbriefgesetz (PfandBG)

PfandBG

Ausfertigungsdatum: 22.05.2005

"Pfandbriefgesetz vom 22. Mai 2005 (BGBl. I S. 1373), das zuletzt durch Artikel 24 Absatz 38 des Gesetzes vom 23. Juni 2017 (BGBl. I S. 1693) geändert worden ist".Zuletzt geändert durch Art. 24 Abs. 38 G v. 23.6.2017 I 1693.

Fußnote

(+++ Textnachweis ab: 19.7.2005 +++)
(+++ Zur Anwendung vgl. § 53 u. § 54 +++)

Das G wurde als Artikel 1 des G v. 22.5.2005 I 1373 vom Bundestag beschlossen. Es tritt gem. Art. 20 dieses G am 19.7.2005 in Kraft. § 4 Abs. 6, § 5 Abs. 3, § 16 Abs. 4, § 24 Abs. 5 und § 53 treten am 28.5.2005 in Kraft.

Abschnitt 1

Anwendungsbereich, Erlaubnis und Aufsicht

§ 1 Begriffsbestimmungen

(1) Pfandbriefbanken sind Kreditinstitute, deren Geschäftsbetrieb das Pfandbriefgeschäft umfasst. Pfandbriefgeschäft ist

1.

4

die Ausgabe gedeckter Schuldverschreibungen auf Grund
erworbener Hypotheken unter der Bezeichnung Pfandbriefe oder
Hypothekenpfandbriefe (im Folgenden: Hypothekenpfandbriefe),

2.

die Ausgabe gedeckter Schuldverschreibungen auf Grund
erworbener Forderungen gegen staatliche Stellen unter der
Bezeichnung Kommunalschuldverschreibungen,
Kommunalobligationen oder Öffentliche Pfandbriefe (im
Folgenden: Öffentliche Pfandbriefe),

3.

die Ausgabe gedeckter Schuldverschreibungen auf Grund
erworbener Schiffshypotheken unter der Bezeichnung
Schiffspfandbriefe,

4.

die Ausgabe gedeckter Schuldverschreibungen auf Grund
erworbener Registerpfandrechte nach § 1 des Gesetzes über
Rechte an Luftfahrzeugen oder ausländischer
Flugzeughypotheken unter der Bezeichnung Flugzeugpfandbriefe.

(2) Dem Erwerb einer Hypothek steht gleich der Anspruch gegen ein
geeignetes Kreditinstitut auf Abtretung oder Teilabtretung einer
Hypothek, die von dem Kreditinstitut treuhänderisch zugunsten der
Pfandbriefbank verwaltet wird, sofern im Falle der Insolvenz des
Kreditinstituts die Pfandbriefbank die Aussonderung der Hypothek
verlangen kann.Für Forderungen im Sinne des Absatzes 1 Satz 2
Nummer 2, für Schiffshypotheken und für Registerpfandrechte im

Sinne des Absatzes 1 Satz 2 Nummer 4 oder ausländische Flugzeughypotheken gilt Satz 1 entsprechend.Bei Forderungen im Sinne des Absatzes 1 Satz 2 Nummer 2 gegen öffentliche Schuldner im Sinne des § 20 Absatz 1 können Gegenstand des Abtretungs- und Übertragungsanspruchs auch Ansprüche sein, die sich gegen geeignete andere Kreditinstitute richten und die Voraussetzungen des Satzes 1 erfüllen oder ihrerseits gleiche Ansprüche gegen geeignete Kreditinstitute oder unter öffentlicher Aufsicht stehende Wertpapierverwahrer zum Gegenstand haben.

(3) Pfandbriefe im Sinne der folgenden Vorschriften sind Hypothekenpfandbriefe, Öffentliche Pfandbriefe, Schiffspfandbriefe und Flugzeugpfandbriefe.

-

§ 2 Erlaubnis

(1) Ein Kreditinstitut mit Sitz im Geltungsbereich dieses Gesetzes, das das Pfandbriefgeschäft betreiben will, bedarf der schriftlichen Erlaubnis der Bundesanstalt für Finanzdienstleistungsaufsicht (Bundesanstalt) nach § 32 des Kreditwesengesetzes. Zusätzlich muss das Kreditinstitut für eine Erlaubnis zum Betreiben des Pfandbriefgeschäfts folgende Voraussetzungen erfüllen:

1.

    Das Kreditinstitut muss über ein Kernkapital von mindestens 25 Millionen Euro verfügen.

2.

Das Kreditinstitut muss eine Erlaubnis für das Kreditgeschäft im Sinne des § 1 Abs. 1 Satz 2 Nr. 2 des Kreditwesengesetzes haben und dieses voraussichtlich betreiben.

3.

Das Kreditinstitut muss über geeignete Regelungen und Instrumente im Sinne des § 27 zur Steuerung, Überwachung und Kontrolle der Risiken für die Deckungsmassen und das darauf gründende Emissionsgeschäft verfügen.

4.

Aus dem der Bundesanstalt vorzulegenden Geschäftsplan des Kreditinstituts muss hervorgehen, dass das Kreditinstitut das Pfandbriefgeschäft regelmäßig und nachhaltig betreiben wird und dass ein dafür erforderlicher organisatorischer Aufbau vorhanden ist.

5.

Der organisatorische Aufbau und die Ausstattung des Kreditinstituts müssen, abhängig von der Reichweite der Erlaubnis, künftigen Pfandbriefemissionen sowie dem Immobilienfinanzierungs-, Staatsfinanzierungs-, Schiffsfinanzierungs- oder Flugzeugfinanzierungsgeschäft angemessen Rechnung tragen. Abweichend von § 33 Absatz 3 des Kreditwesengesetzes ist die nach Satz 1 erforderliche Erlaubnis auch dann zu versagen, wenn die Voraussetzungen des Satzes 2 Nr. 1 bis 5 nicht vorliegen. § 32 Abs. 2 Satz 2 des Kreditwesengesetzes ist mit der Maßgabe anzuwenden, dass die Erlaubnis für das Pfandbriefgeschäft auch auf einzelne der in § 1 Abs. 1 Satz 2 Nr. 1 bis 4 genannten Tätigkeiten beschränkt werden kann. Die nach § 25c Absatz 1 Satz 2 des Kreditwesengesetzes vorausgesetzten theoretischen und praktischen Kenntnisse sind im Pfandbriefgeschäft abhängig von der Reichweite der Erlaubnis regelmäßig anzunehmen, wenn die Geschäftsleiter über entsprechende Kenntnisse im Bereich des Hypothekarkreditgeschäfts, des Kommunalkreditgeschäfts, des Schiffskreditgeschäfts oder des Flugzeugfinanzierungsgeschäfts und dessen Refinanzierung verfügen.

(2) Die Bundesanstalt kann die Erlaubnis zum Betreiben des Pfandbriefgeschäfts außer in den Fällen des § 35 Abs. 2 des Kreditwesengesetzes auch aufheben, wenn

1.

   die Voraussetzungen des Absatzes 1 Satz 2 Nr. 1 bis 3 und 5 nicht mehr vorliegen oder

2.

   die Pfandbriefbank seit mehr als zwei Jahren keine Pfandbriefe begeben hat und nicht zu erwarten ist, dass das Pfandbriefgeschäft innerhalb der nächsten sechs Monate als regelmäßig und nachhaltig betriebenes Bankgeschäft wieder aufgenommen wird.

(3) Hebt die Bundesanstalt die Erlaubnis für das Pfandbriefgeschäft auf oder erlischt diese, so sind die Deckungsmassen abzuwickeln.

(4) Hebt die Bundesanstalt die Erlaubnis nach § 32 des Kreditwesengesetzes zum Betreiben von Bankgeschäften und zur Erbringung von Finanzdienstleistungen vollständig auf oder erlischt

diese, besteht die bisherige Erlaubnis der Pfandbriefbank in Ansehung der Deckungsmassen und der durch diese gesicherten Verbindlichkeiten bis zur vollständigen und fristgerechten Erfüllung der Pfandbriefverbindlichkeiten fort, soweit nicht die Bundesanstalt die Erstreckung der Erlaubnisaufhebung ausdrücklich anordnet.

(5) In den Fällen der Absätze 3 und 4 ist ein Sachwalter zu ernennen, wenn dies für die vollständige und fristgerechte Erfüllung der Pfandbriefverbindlichkeiten erforderlich ist und nicht bereits nach § 30 Absatz 2 oder 5 ein Sachwalter ernannt worden ist. Die Ernennung kann auf Antrag der Bundesanstalt mit Zustimmung der Geschäftsleiter der Pfandbriefbank auch dann erfolgen, wenn die Ernennung eines Sachwalters dienlich erscheint. Für das Verfahren der Ernennung und die Rechtsstellung dieses Sachwalters gelten die Vorschriften der §§ 30 bis 36 entsprechend.

Fußnote

(+++ § 2 Abs. 1 Satz 2 Nr 1: Zur Anwendung vgl. § 42 Abs. 3 +++)

§ 3 Aufsicht; Auskunfts- und Vorlageverlangen

(1) Die Bundesanstalt übt die Aufsicht über die Pfandbriefbanken nach den Vorschriften dieses Gesetzes und den in § 6 Absatz 1 Satz 1 des Kreditwesengesetzes genannten Gesetzen und Verordnungen aus. Sie ist befugt, alle Anordnungen zu treffen, die geeignet und erforderlich sind, um das Geschäft der Pfandbriefbanken mit diesem Gesetz und den dazu erlassenen Rechtsverordnungen im Einklang zu erhalten. Sie hat zu von ihr bestimmten Zeitpunkten auf der Grundlage geeigneter Stichproben die Deckung der Pfandbriefe zu prüfen; hierbei kann sie

sich anderer Personen und Einrichtungen bedienen. Die Prüfung soll in der Regel nach jeweils zwei Jahren erfolgen. Die von anderen staatlichen Stellen ausgeübte Aufsicht bleibt unberührt.

(2) Eine Pfandbriefbank, die Mitglieder deren Organe, deren Beschäftigte und ein Sachwalter haben der Bundesanstalt sowie den Personen und Einrichtungen, derer sich die Bundesanstalt bei der Durchführung ihrer Aufgaben bedient, auf Verlangen über die Deckungssituation einschließlich der wirtschaftlichen Werthaltigkeit der Deckung Auskünfte zu erteilen und Unterlagen vorzulegen.

Abschnitt 2
Allgemeine Vorschriften über die Pfandbriefemission

§ 4 Deckungskongruenz; Anordnung erhöhter Mindestdeckungsanforderungen

(1) Die jederzeitige Deckung der umlaufenden Pfandbriefe nach dem Barwert, der die Zins- und Tilgungsverpflichtungen einbezieht, muss sichergestellt sein; der Barwert der eingetragenen Deckungswerte muss den Barwert der zu deckenden Verbindlichkeiten um 2 Prozent übersteigen (sichernde Überdeckung). Die sichernde Überdeckung muss bestehen in

1.

Schuldverschreibungen, Schuldbuchforderungen, Schatzwechseln und Schatzanweisungen, deren Schuldner der Bund, ein Sondervermögen des Bundes, ein Land, die Europäischen Gemeinschaften, ein anderer Mitgliedstaat der Europäischen

Union, ein anderer Vertragsstaat des Abkommens über den Europäischen Wirtschaftsraum, die Europäische Investitionsbank, die Internationale Bank für Wiederaufbau und Entwicklung, die Entwicklungsbank des Europarates oder die Europäische Bank für Wiederaufbau und Entwicklung ist; dies gilt auch für Schuldverschreibungen, Schuldbuchforderungen, Schatzwechsel und Schatzanweisungen, deren Schuldner die Schweiz, die Vereinigten Staaten von Amerika, Kanada oder Japan sind, sofern deren Risikogewicht entsprechend dem Rating einer anerkannten internationalen Ratingagentur der Bonitätsstufe 1 nach Tabelle 1 des Artikels 114 Absatz 2 der Verordnung (EU) Nr. 575/2013 des Europäischen Parlaments und des Rates vom 26. Juni 2013 über Aufsichtsanforderungen an Kreditinstitute und Wertpapierfirmen und zur Änderung der Verordnung (EU) Nr. 646/2012 (ABl. L 176 vom 27.6.2013, S. 1) zugeordnet worden ist;

2.

Schuldverschreibungen, für deren Verzinsung und Rückzahlung eine der unter Nummer 1 bezeichneten Stellen die Gewährleistung übernommen hat,

3.

Guthaben bei der Europäischen Zentralbank, bei Zentralbanken der Mitgliedstaaten der Europäischen Union oder bei geeigneten Kreditinstituten mit Sitz in einem der in Nummer 1 genannten Staaten, denen nach Maßgabe von Artikel 119 Absatz 1 der Verordnung (EU) Nr. 575/2013 ein der Bonitätsstufe 1, bei Ursprungslaufzeiten von bis zu 100 Tagen und Sitz in einem

Mitgliedstaat der Europäischen Union ein der Bonitätsstufe 1 oder 2 entsprechendes Risikogewicht nach der Tabelle 3 des Artikels 120 Absatz 1 oder der Tabelle 5 des Artikels 121 Absatz 1 der Verordnung (EU) Nr. 575/2013 zugeordnet worden ist, deren Erfüllung nicht bedingt, befristet, anderen Forderungen rechtsgeschäftlich nachgeordnet oder in sonstiger Weise eingeschränkt ist, jedoch nur, sofern die Höhe der Forderungen der Pfandbriefbank bereits beim Erwerb bekannt ist; für die Zuordnung zu den Bonitätsstufen sind die Ratings anerkannter internationaler Ratingagenturen maßgeblich.

Die Begrenzungen des § 19 Abs. 1 Nr. 2 und 3, des § 20 Abs. 2 Nr. 2, des § 26 Abs. 1 Nr. 3 und 4 und des § 26f Abs. 1 Nr. 3 und 4 sind insoweit nicht anzuwenden. Die Bundesanstalt kann nach Anhörung der Europäischen Bankenaufsichtsbehörde durch Allgemeinverfügung anordnen, dass abweichend von Absatz 1 Satz 2 Nummer 3 auch Guthaben mit einer Ursprungslaufzeit von über 100 Tagen bei inländischen Kreditinstituten, denen ein der Bonitätsstufe 2 entsprechendes Risikogewicht nach der Tabelle 3 des Artikels 120 Absatz 1 der Verordnung (EU) Nr. 575/2013 zugeordnet ist, zur Deckung verwendet werden dürfen, sofern durch die Beschränkung auf Bonitätsstufe 1 die Gefahr einer erheblichen Schuldnerkonzentration bei Forderungen gegen inländische Kreditinstitute entstünde. Die Bundesanstalt überprüft das Fortbestehen des Anordnungsgrundes mindestens halbjährlich. Die Allgemeinverfügung ist aufzuheben, sobald ihr Anordnungsgrund weggefallen ist. Die Allgemeinverfügung und ihre Aufhebung sind auf der Internetseite der Bundesanstalt und im Bundesanzeiger bekannt zu machen. Bis zur Bekanntmachung der Aufhebung der Allgemeinverfügung im Bundesanzeiger in das Deckungsregister eingetragene Deckungswerte, deren Deckungsfähigkeit auf der Allgemeinverfügung beruht, dürfen nach Aufhebung der Allgemeinverfügung bis zu ihrer ursprünglichen Fälligkeit, längstens jedoch sechs Monate nach Bekanntmachung der Aufhebung, zur Deckung verwendet werden.

(1a) Zusätzlich ist zur Sicherung der Liquidität für die nächsten 180 Tage ein taggenauer Abgleich der fällig werdenden Forderungen aus eingetragenen Deckungswerten und fällig werdenden Verbindlichkeiten aus ausstehenden Pfandbriefen und in Deckung befindlichen Derivategeschäften vorzunehmen. Für jeden Tag ist die Summe der bis zu diesem Tag anfallenden Tagesdifferenzen zu bilden. Die größte sich ergebende negative Summe in den nächsten 180 Tagen muss jederzeit durch die Summe aus den Deckungswerten nach Absatz 1 Satz 2 und den eingetragenen Deckungswerten, die vom Europäischen System der Zentralbanken als notenbankfähig eingestuft werden, gedeckt werden. Für Werte, die ausschließlich zur Sicherung der Liquidität ins Deckungsregister eingetragen werden, sind die Begrenzungen der §§ 19, 20, 26 und 26f nicht anzuwenden.

(2) Der jeweilige Gesamtbetrag der im Umlauf befindlichen Pfandbriefe einer Gattung muss auch in Höhe des Nennwertes jederzeit durch Werte von mindestens gleicher Höhe gedeckt sein. Wenn der zum Zeitpunkt der Pfandbriefausgabe bekannte maximale Einlösungswert höher als der Nennwert ist, tritt er an die Stelle des Nennwertes.

13

(3) Soweit aus als Deckung verwendeten Derivategeschäften Verbindlichkeiten der Pfandbriefbank begründet werden, müssen auch die Ansprüche der Vertragspartner der Pfandbriefbank gedeckt sein. Derivategeschäfte im Sinne dieses Gesetzes sind unter einem standardisierten Rahmenvertrag zusammengefasste Derivate nach § 1 Absatz 11 Satz 4 Nummer 1 des Kreditwesengesetzes einschließlich der unter dem Rahmenvertrag abgeschlossenen Besicherungsanhänge und weiteren Vereinbarungen.

(3a) Die Bundesanstalt kann für jede Deckungsmasse anordnen, dass eine Pfandbriefbank über Absatz 1 Satz 1 und Absatz 2, jeweils in Verbindung mit Absatz 3 Satz 1, hinausgehende Deckungsanforderungen einhalten muss, sofern eine werthaltige Deckung der Verbindlichkeiten aus im Umlauf befindlichen Pfandbriefen und in Deckung befindlichen Derivategeschäften nicht sichergestellt erscheint. Den Umstand einer Anordnung nach Satz 1 hat die Pfandbriefbank unverzüglich unter Angabe der entsprechenden Höhe der Zusatzanforderung auf ihrer Internetseite bei den nach § 28 zu der betreffenden Pfandbriefgattung veröffentlichten Angaben zu veröffentlichen. Eine Anordnung nach Satz 1 ist aufzuheben, soweit ihr Grund nachweislich entfallen ist, frühestens jedoch drei Monate nach ihrem Erlass.

(3b) Absatz 3a Satz 1 und 2 gilt entsprechend bei im Rahmen der Jahresabschlussprüfung oder von Sonderprüfungen nach § 44 Absatz 1 Satz 2 des Kreditwesengesetzes, einschließlich Deckungsprüfungen nach § 3 Absatz 1 Satz 3, festgestellten Mängeln, die die Deckungsrechnung nach Absatz 4, die Deckungsregisterführung nach

14

§ 5, die Anforderungen an das Risikomanagement nach § 27, das pfandbriefrechtliche Meldewesen nach § 27a, die Einhaltung der Transparenzvorschriften des § 28, die Angemessenheit der zur Ermittlung der barwertigen sichernden Überdeckung nach der Pfandbrief-Barwertverordnung verwendeten Methoden und Prozesse oder die Angemessenheit der Methoden und Verfahren der Beleihungswertermittlung betreffen. Eine nach Satz 1 getroffene Anordnung ist aufzuheben, wenn die Pfandbriefbank die Behebung des zur Anordnung führenden Mangels zur Überzeugung der Bundesanstalt nachgewiesen hat oder sobald prüferisch festgestellt worden ist, dass der zur Anordnung nach Satz 1 führende Mangel nicht mehr fortbesteht und kein neuer Anordnungsgrund vorliegt.

(4) Die Pfandbriefbank hat fortlaufend durch geeignete Rechenwerke sicherzustellen und in nachvollziehbarer Weise zu dokumentieren, dass die vorschriftsmäßige Deckung jederzeit gegeben ist.

(5) Im Umlauf befindlich ist ein Pfandbrief, wenn der Treuhänder ihn gemäß § 8 Abs. 3 ausgefertigt und der Pfandbriefbank übergeben hat; soweit sichergestellt wird, dass eine Verfügung über einen von der Pfandbriefbank gehaltenen Pfandbrief ohne Zustimmung des Treuhänders nicht ausgeführt würde, scheidet der Pfandbrief für die Dauer der Sicherstellung aus dem Umlauf aus.

(6) Das Bundesministerium der Finanzen wird ermächtigt, im Einvernehmen mit dem Bundesministerium der Justiz und für Verbraucherschutz durch Rechtsverordnung, die nicht der Zustimmung des Bundesrates bedarf, Einzelheiten der Methode für die Barwertrechnung nach Absatz 1 Satz 1 und § 19 Abs. 1 Nr. 4 Satz 3,

15

auch in Verbindung mit § 20 Abs. 2 Nr. 3 und § 26 Abs. 1 Nr. 5 sowie § 26f Abs. 1 Nr. 5, sowie das Maß der Zins- und Währungskursveränderungen zu bestimmen, dem die Deckung nach Absatz 1 Satz 1 mindestens standhalten muss. Das Bundesministerium der Finanzen kann diese Ermächtigung durch Rechtsverordnung auf die Bundesanstalt für Finanzdienstleistungsaufsicht übertragen. Vor Erlass der Rechtsverordnung sind die Spitzenverbände der Kreditwirtschaft anzuhören.

(7) Es ist verboten, für eine Pfandbriefbank Pfandbriefe in den Verkehr zu bringen, wenn deren Betrag nicht durch die im jeweiligen Deckungsregister eingetragenen Werte vorschriftsmäßig gedeckt ist. Es ist auch verboten, für eine Pfandbriefbank über einen im Deckungsregister eingetragenen Wert durch Veräußerung oder Belastung zum Nachteil der Pfandbriefgläubiger oder der Gläubiger von Ansprüchen aus Derivategeschäften nach Absatz 3 zu verfügen, obwohl die übrigen im jeweiligen Register eingetragenen Werte zur vorschriftsmäßigen Deckung der entsprechenden Pfandbriefe und der Ansprüche aus Derivategeschäften nach Absatz 3 nicht genügen. Pfandbriefe dürfen nicht ohne die nach § 8 Abs. 3 Satz 1 erforderliche Bescheinigung in den Verkehr gebracht werden.

Fußnote

(+++ § 4 Abs. 1a: Zur Anwendung vgl. § 53 (F 2009-03-20) +++)

§ 4a Umschuldungsklauseln in Staatsanleihen

Umschuldungsklauseln nach § 4a des Bundesschuldenwesengesetzes in den Emissionsbedingungen von Schuldverschreibungen des Bundes sowie entsprechende Umschuldungsklauseln in den Emissionsbedingungen von Schuldverschreibungen anderer Schuldner im Sinne des § 20 Absatz 1 Nummer 1 stehen einer Indeckungnahme nach § 4 Absatz 1 Satz 2 Nummer 1 und 2, § 19 Absatz 1 Nummer 3, § 20 Absatz 1 Nummer 1, § 26 Absatz 1 Nummer 4 oder § 26f Absatz 1 Nummer 4 nicht entgegen.

§ 5 Deckungsregister

(1) Die zur Deckung der Pfandbriefe sowie der Ansprüche aus Derivategeschäften nach § 4 Abs. 3 verwendeten Deckungswerte sind von der Pfandbriefbank einzeln in das für die jeweilige Pfandbriefgattung geführte Register (Deckungsregister) einzutragen. Derivate dürfen nur mit Zustimmung des Treuhänders und des Vertragspartners der Pfandbriefbank eingetragen werden; eine Eintragung ohne die erforderliche Zustimmung gilt als nicht erfolgt. Wird ein zur Deckung benötigter Wert zurückgezahlt, so hat derjenige, der für die Eintragung der Deckungswerte verantwortlich ist, unverzüglich entsprechende Ersatzwerte in das Deckungsregister einzutragen. Zum jeweiligen Deckungsregister können mehrere Unterregister, die den Anforderungen des Deckungsregisters entsprechen, angelegt werden, wenn dadurch die Klarheit und die Funktion des Deckungsregisters nicht beeinträchtigt werden. Die Bundesanstalt kann anordnen, dass die Eintragungen aus einem

Unterregister oder mehreren Unterregistern innerhalb einer angemessenen Frist in das Hauptregister zu übertragen sind.

(1a) Soweit eingetragene Werte nur teilweise zur Deckung der Pfandbriefe der Pfandbriefbank bestimmt sind, muss das Deckungsregister genaue Angaben über den Umfang des zur Deckung bestimmten Teils und seinen Rang gegenüber dem nicht zur Deckung bestimmten Teil enthalten; im Zweifel hat der zur Deckung bestimmte Teil Vorrang. Vorbehaltlich einer teilweisen Indeckungnahme in geringerer Höhe nach Satz 1 gelten Hypotheken stets nur bis zur Höhe der Beleihungsgrenze nach den §§ 14 und 22 Abs. 2 sowie § 26b Abs. 2 als zur Deckung bestimmt. Die Beleihungsgrenze errechnet sich anhand des eingetragenen Beleihungswertes; der zur Deckung bestimmte Teil hat im Zweifel Vorrang. Werden eingetragene Werte ganz oder teilweise von der Pfandbriefbank als Treuhänder verwaltet, muss das Deckungsregister genaue Angaben über den Gläubiger des Übertragungsanspruchs enthalten; bei teilweiser treuhänderischer Verwaltung gelten die Sätze 1 und 2 entsprechend. Eine treuhänderische Verwaltung nach Satz 4 liegt vor, wenn die verwalteten Werte im Verhältnis zwischen dem Treugeber und der Pfandbriefbank oder deren Gläubigern als Werte des Treugebers gelten, obwohl sie nicht übertragen sind, insbesondere im Falle der Verwaltung als Refinanzierungsunternehmen nach den §§ 22a bis 22o des Kreditwesengesetzes.

(1b) Die Übermittlung der im Deckungsregister einzutragenden personenbezogenen Daten an eine Pfandbriefbank, die zum Zwecke der Refinanzierung über Pfandbriefe nach der

18

Deckungsregisterverordnung zur Eintragung der Daten in ihr Deckungsregister verpflichtet ist, ist zur Wahrnehmung berechtigter Interessen zulässig.

(2) Innerhalb des ersten Monats eines jeden Kalenderhalbjahres ist eine von dem nach § 7 bestellten Treuhänder bestätigte Aufzeichnung der Eintragungen, welche während des letzten Kalenderhalbjahres in den Deckungsregistern vorgenommen worden sind, der Bundesanstalt zu übermitteln.Ist ein Treuhänder erstmalig im Laufe des letzten Kalenderhalbjahres bestellt worden, so hat die bestätigte Aufzeichnung sämtliche in den Deckungsregistern vorgenommenen Eintragungen zu enthalten. In der nach Absatz 3 zu erlassenden Rechtsverordnung kann bestimmt werden, dass im Falle der Übermittlung der Aufzeichnung in elektronischer Form diese abweichend von Satz 1 sämtliche in den Deckungsregistern vorgenommenen Eintragungen zu enthalten hat.

(3) Das Bundesministerium der Finanzen hat im Einvernehmen mit dem Bundesministerium der Justiz und für Verbraucherschutz durch Rechtsverordnung, die nicht der Zustimmung des Bundesrates bedarf, Einzelheiten über die Form und den notwendigen Inhalt des Deckungsregisters sowie der vorzunehmenden Eintragungen zu bestimmen. Die Rechtsverordnung muss auch Vorschriften über die Form der Aufzeichnung, über die Form der Bestätigung durch den Treuhänder sowie über die Art und Weise der Übermittlung der Aufzeichnung und deren Aufbewahrung durch die Bundesanstalt enthalten. Vor Erlass der Rechtsverordnung sind die Spitzenverbände der Kreditwirtschaft anzuhören. Das Bundesministerium der Finanzen

kann diese Ermächtigung durch Rechtsverordnung auf die
Bundesanstalt für Finanzdienstleistungsaufsicht übertragen.

§ 6 Inhalt der Pfandbriefe

(1) In den Pfandbriefen sind die für das Rechtsverhältnis zwischen der
Pfandbriefbank und den Pfandbriefgläubigern maßgebenden
Bestimmungen, insbesondere bezüglich der Kündbarkeit der
Pfandbriefe, ersichtlich zu machen.

(2) Den Pfandbriefgläubigern darf ein Kündigungsrecht nicht
eingeräumt werden.

(3) Die Ausgabe von Pfandbriefen, deren maximaler Einlösungswert
nicht bekannt ist, ist nicht gestattet.

§ 7 Treuhänder und Stellvertreter

(1) Bei jeder Pfandbriefbank ist ein Treuhänder sowie mindestens ein
Stellvertreter zu bestellen.

(2) Treuhänder und Stellvertreter müssen die zur Erfüllung ihrer
Aufgaben erforderlichen Kenntnisse und Erfahrungen besitzen. Die
Qualifikation als Wirtschaftsprüfer oder vereidigter Buchprüfer lässt die
erforderlichen Kenntnisse vermuten. Eine Bestellung als Treuhänder
oder Stellvertreter ist ausgeschlossen, wenn Gründe vorliegen, nach
denen die Besorgnis der Befangenheit besteht. Das ist insbesondere
der Fall, wenn die Person in einem Beschäftigungs- oder
Mandatsverhältnis mit der Pfandbriefbank steht oder innerhalb der
vorausgegangen drei Jahre gestanden hat.

(3) Die Bestellung erfolgt durch die Bundesanstalt nach Anhörung der Pfandbriefbank; vor der erstmaligen Ausgabe von Pfandbriefen findet eine Bestellung nur auf Antrag der Pfandbriefbank statt. Die Bestellung kann befristet und jederzeit aus sachlichem Grund durch die Bundesanstalt widerrufen werden. Die Bestellung endet spätestens zum Ende des Monats, in dem das 75. Lebensjahr vollendet wird.Mit der Ernennung eines Sachwalters nach § 2 Absatz 5 oder § 30 Absatz 2 oder 5 ruht das Amt des Treuhänders bis zur Beendigung des Sachwalteramtes. Der Treuhänder bleibt verpflichtet, dem Sachwalter alle Informationen mitzuteilen, die für die Verwaltung der Deckungswerte von Bedeutung sein können.

(4) Der Treuhänder hat der Bundesanstalt Auskunft über die von ihm im Rahmen seiner Tätigkeit getroffenen Feststellungen und Beobachtungen zu erteilen. Der Treuhänder ist an Weisungen der Bundesanstalt nicht gebunden.

(5) Treuhänder und Stellvertreter haften der Pfandbriefbank sowie den Pfandbriefgläubigern und den Gläubigern von Ansprüchen aus Derivategeschäften nach § 4 Abs. 3 aus ihrer Tätigkeit nur im Falle von Vorsatz und grober Fahrlässigkeit.Die Ersatzpflicht des Treuhänders oder des Stellvertreters beschränkt sich im Falle grob fahrlässigen Handelns auf 1 Million Euro. Sie kann nicht durch Vertrag ausgeschlossen oder beschränkt werden. Wird die Haftung des Treuhänders oder des Stellvertreters durch eine Versicherung abgedeckt, ist ein Selbstbehalt in Höhe des Eineinhalbfachen der nach § 11 Absatz 1 festgesetzten jährlichen Vergütung vorzusehen. Die

Pfandbriefbank darf den Versicherungsvertrag zugunsten des Treuhänders und des Stellvertreters schließen und die Prämien zahlen.

§ 8 Aufgaben

(1) Der Treuhänder hat darauf zu achten, dass die vorschriftsmäßige Deckung für die Pfandbriefe und Ansprüche aus Derivategeschäften nach § 4 Abs. 3 jederzeit vorhanden ist; hierbei hat er darauf zu achten, dass der Wert der beliehenen Grundstücke nach der auf Grund des § 16 Abs. 4 erlassenen Rechtsverordnung, der Wert der beliehenen Schiffe und Schiffsbauwerke nach der auf Grund des § 24 Abs. 5 erlassenen Rechtsverordnung und der Wert der beliehenen Flugzeuge nach der auf Grund des § 26d Abs. 3 erlassenen Rechtsverordnung festgesetzt ist. Darüber hinaus ist er nicht verpflichtet zu untersuchen, ob der festgesetzte Wert dem wirklichen Wert entspricht.

(2) Der Treuhänder hat darauf zu achten, dass die zur Deckung der Pfandbriefe und der Ansprüche aus Derivategeschäften nach § 4 Abs. 3 verwendeten Werte gemäß § 5 Abs. 1 in das jeweilige Deckungsregister eingetragen werden. Er hat auch darauf zu achten, dass die Eintragung eines Derivats von der Pfandbriefbank unter Angabe des entsprechenden Deckungsregisters unverzüglich dem Vertragspartner des Derivategeschäfts mitgeteilt wird.

(3) Der Treuhänder hat die Pfandbriefe vor der Ausgabe mit einer Bescheinigung über das Vorhandensein der vorschriftsmäßigen Deckung und über die Eintragung in das entsprechende

Deckungsregister zu versehen. Eine Nachbildung der eigenhändigen Unterschrift genügt.

(4) Im Deckungsregister eingetragene Werte können nur mit Zustimmung des Treuhänders in dem Register gelöscht werden. Die Zustimmung des Treuhänders bedarf der Schriftform; sie kann in der Weise erfolgen, dass der Treuhänder seine Namensunterschrift dem Löschungsvermerk im Deckungsregister beifügt. Für die Löschung eines eingetragenen Derivats, das noch nicht vollständig abgewickelt ist, ist ferner die Zustimmung des Vertragspartners der Pfandbriefbank erforderlich; eine Löschung ohne die erforderliche Zustimmung gilt als nicht erfolgt. Absatz 2 Satz 2 ist entsprechend anzuwenden.

§ 9 (weggefallen)

§ 10 Befugnisse

(1) Der Treuhänder ist befugt, jederzeit die Unterlagen der Pfandbriefbank einzusehen und Auskünfte zu verlangen, soweit sie sich auf die Pfandbriefe und auf die in die Deckungsregister eingetragenen Werte beziehen.

(2) Die Pfandbriefbank ist verpflichtet, von den Kapitalrückzahlungen auf die in die Deckungsregister eingetragenen Werte sowie von sonstigen für die Pfandbriefgläubiger und die Gläubiger von Ansprüchen aus Derivategeschäften nach § 4 Abs. 3 erheblichen Änderungen, welche diese Werte betreffen, dem Treuhänder fortlaufende Mitteilung zu machen.

§ 11 Vergütung, Streitentscheidung

(1) Der Treuhänder und seine Stellvertreter erhalten von der Pfandbriefbank eine angemessene Vergütung, deren Höhe von der Bundesanstalt festgesetzt wird, und Ersatz der notwendigen Auslagen. Darüber hinausgehende Leistungen der Pfandbriefbank sind unzulässig.

(2) Streitigkeiten zwischen dem Treuhänder und der Pfandbriefbank entscheidet die Bundesanstalt.

Abschnitt 3
Besondere Vorschriften über die Deckungswerte

Unterabschnitt 1
Hypothekenpfandbriefe

§ 12 Deckungswerte

(1) Zur Deckung für Hypothekenpfandbriefe nach § 1 Abs. 1 Satz 2 Nr. 1 dürfen nur Hypotheken benutzt werden, soweit sie den Erfordernissen der §§ 13 bis 16 entsprechen.

(2) Steht der Pfandbriefbank eine Hypothek an einem Grundstück zu, das sie zur Verhütung eines Verlustes an der Hypothek erworben hat, so darf sie die Hypothek nur auf Grund einer neuen Beleihungswertermittlung nach § 16 zur Deckung verwenden.

(3) Die eingetragenen Deckungswerte erstrecken sich auch auf alle Forderungen, deren Inhaber die Pfandbriefbank ist und die auf die wirtschaftliche Substanz des Grundstücks gerichtet sind, insbesondere

24

Forderungen, auf die sich die Hypothek bei inländischen Grundstücken nach den §§ 1120, 1123, 1126, 1127 und 1128 des Bürgerlichen Gesetzbuchs erstrecken würde sowie auf Ansprüche der Pfandbriefbank aus eigenem oder abgetretenem Recht aus einer Versicherung nach § 15, auf die Übertragung des Grundstücks oder grundstücksgleiche oder vergleichbare Rechte und auf die Auskehr des Erlöses einer Verwertung.

§ 13 Belegenheit der Sicherheiten

(1) Die Hypotheken müssen lasten auf Grundstücken, grundstücksgleichen Rechten oder solchen Rechten einer ausländischen Rechtsordnung, die den grundstücksgleichen Rechten deutschen Rechts vergleichbar sind. Die belasteten Grundstücke und die Grundstücke, an denen die belasteten Rechte bestehen, müssen in einem Mitgliedstaat der Europäischen Union oder einem anderen Vertragsstaat des Abkommens über den Europäischen Wirtschaftsraum, in der Schweiz, in den Vereinigten Staaten von Amerika, in Kanada, in Japan, in Australien, in Neuseeland oder in Singapur belegen sein; der Gesamtbetrag der Beleihungen in Staaten, die nicht der Europäischen Union angehören, bei denen nicht sichergestellt ist, dass sich das Vorrecht der Pfandbriefgläubiger nach § 30 Abs. 1 auf die Forderungen der Pfandbriefbank aus diesen Beleihungen erstreckt, darf 10 Prozent des Gesamtbetrages der Beleihungen, bei denen das Vorrecht sichergestellt ist, nicht übersteigen.

(2) Die Beleihung befristeter Rechte ist nur zulässig, wenn die planmäßige Tilgung der Hypothek spätestens zehn Jahre vor Ablauf des Rechts endet und nicht länger dauert, als zur buchmäßigen Abschreibung des Bauwerks nach wirtschaftlichen Grundsätzen erforderlich ist.

§ 14 Beleihungsgrenze

Hypotheken dürfen nur bis zur Höhe der ersten 60 Prozent des von der Pfandbriefbank auf Grund einer Wertermittlung nach § 16 festgesetzten Wertes des Grundstücks (Beleihungswert) zur Deckung benutzt werden.

§ 15 Versicherungspflicht

Werden mit dem Grundstück fest verbundene Bauwerke beim Beleihungswert werterhöhend berücksichtigt, muss während der gesamten Dauer der Beleihung sichergestellt sein, dass die Pfandbriefbank im Falle der Beschädigung oder Zerstörung des Bauwerks, sofern dieses nicht wiederhergestellt wird, eine Entschädigungsleistung aus einer Versicherung erhält. Die Versicherung muss mindestens die nach Art und Lage des Objektes erheblichen Schadensrisiken erfassen. Die Höhe der Versicherung muss mindestens Folgendes abdecken:

1.

   die für eine Wiederherstellung der in Satz 1 genannten Bauwerke erwartungsgemäß aufzuwendenden Kosten,

2.

den bei Eintritt erheblicher Risiken an den in Satz 1 genannten Bauwerken mit hoher Wahrscheinlichkeit nicht überschrittenen Schaden oder

3.

die jeweils ausstehende Darlehensforderung.

Die Pfandbriefbank darf die Versicherung für eigene Rechnung nur abschließen, wenn eine Verpflichtung des Darlehensnehmers zum Abschluss einer entsprechenden Versicherung nach Satz 3 Nummer 1 oder Nummer 2 besteht.

§ 16 Beleihungswertermittlung

(1) Die als Grundlage für die Beleihungswertfestsetzung dienende Wertermittlung ist von einem von der Kreditentscheidung unabhängigen Gutachter vorzunehmen, der über die hierzu notwendige Berufserfahrung sowie über die notwendigen Fachkenntnisse für Beleihungswertermittlungen verfügen muss.

(2) Der Beleihungswert darf den Wert nicht überschreiten, der sich im Rahmen einer vorsichtigen Bewertung der zukünftigen Verkäuflichkeit einer Immobilie und unter Berücksichtigung der langfristigen, nachhaltigen Merkmale des Objektes, der normalen regionalen Marktgegebenheiten sowie der derzeitigen und möglichen anderweitigen Nutzungen ergibt. Spekulative Elemente dürfen dabei nicht berücksichtigt werden. Der Beleihungswert darf einen auf transparente Weise und nach einem anerkannten Bewertungsverfahren ermittelten Marktwert nicht übersteigen. Der Marktwert ist der geschätzte Betrag, für welchen ein Beleihungsobjekt

am Bewertungsstichtag zwischen einem verkaufsbereiten Verkäufer und einem kaufbereiten Erwerber, nach angemessenem Vermarktungszeitraum, in einer Transaktion im gewöhnlichen Geschäftsverkehr verkauft werden könnte, wobei jede Partei mit Sachkenntnis, Umsicht und ohne Zwang handelt.

(3) Die zur Deckung verwendeten Hypotheken an Bauplätzen sowie an solchen Neubauten, die noch nicht fertig gestellt und ertragsfähig sind, dürfen zusammen 10 Prozent des Gesamtbetrages der zur Deckung der Hypothekenpfandbriefe benutzten Deckungswerte sowie das Doppelte des haftenden Eigenkapitals nicht überschreiten. Hypotheken an Bauplätzen dürfen 1 Prozent des Gesamtbetrages der zur Deckung der Hypothekenpfandbriefe benutzten Deckungswerte nicht überschreiten. Hypotheken an Grundstücken, die einen dauernden Ertrag nicht gewähren, insbesondere an Gruben und Brüchen, sind von der Verwendung zur Deckung ebenso ausgeschlossen wie Hypotheken an Bergwerken. Hypotheken an anderen Berechtigungen, für welche die sich auf Grundstücke beziehenden Vorschriften Anwendung finden, sind von der Verwendung zur Deckung von Hypothekenpfandbriefen ebenfalls ausgeschlossen, sofern die Berechtigungen einen dauernden Ertrag nicht gewähren.

(4) Das Bundesministerium der Finanzen wird ermächtigt, im Einvernehmen mit dem Bundesministerium der Justiz und für Verbraucherschutz durch Rechtsverordnung, die nicht der Zustimmung des Bundesrates bedarf, Einzelheiten der Methodik und Form der Beleihungswertermittlung sowie die Mindestanforderungen an die Qualifikation des Gutachters zu bestimmen. Die Rechtsverordnung

kann für die Bewertung von überwiegend zu Wohnzwecken genutzten Beleihungsobjekten Erleichterungen vorsehen. Vor Erlass der Rechtsverordnung sind die Spitzenverbände der Kreditwirtschaft anzuhören. Das Bundesministerium der Finanzen kann diese Ermächtigung durch Rechtsverordnung auf die Bundesanstalt für Finanzdienstleistungsaufsicht übertragen.

§ 17 (weggefallen)

§ 18 Grundschulden und ausländische Sicherungsrechte

(1) Im Sinne dieses Gesetzes stehen den Hypotheken die Grundschulden und solche ausländische Sicherungsrechte gleich, die eine vergleichbare Sicherheit bieten und den Gläubiger berechtigen, seine Forderung auch durch Verwertung des belasteten Grundstücks oder Rechts im Sinne des § 13 Abs. 1 Satz 1 zu befriedigen.

(2) Auf Grundschulden, die auf Grund einer Zweckvereinbarung zwischen der Pfandbriefbank und dem jeweiligen Grundstückseigentümer der Sicherung einer Darlehensforderung dienen, ist § 12 Abs. 1 mit der Maßgabe anzuwenden, dass an die Stelle der Hypotheken die Grundschulden nebst den ihr zugrunde liegenden Darlehensforderungen treten. § 5 Absatz 1a gilt entsprechend, wenn eine Zweckvereinbarung mehrere Forderungen umfasst. Mehrere zur Deckung bestimmte Forderungen haben im Zweifel gleichen Rang. Soweit ausländische Sicherungsrechte Forderungen unterschiedlicher Gläubiger sichern, bestimmt sich der

Rang einer zur Deckung bestimmten Forderung nach den Regeln des jeweils anwendbaren Rechts.

(3) Hat die Pfandbriefbank ein Grundstück zur Verhütung von Verlusten an einer ihr an dem Grundstück zustehenden Hypothek oder Grundschuld bei der Zwangsversteigerung erworben und an Stelle der gelöschten Hypothek oder Grundschuld für sich eine Grundschuld eintragen lassen, so findet auf diese § 12 Abs. 2 entsprechende Anwendung.

§ 19 Weitere Deckungswerte

(1) Die in § 12 Absatz 1 vorgeschriebene Deckung kann auch erfolgen

1.

durch in Inhaberschuldverschreibungen umgewandelte Ausgleichsforderungen nach § 8 Abs. 2 der Verordnung über die Bestätigung der Umstellungsrechnung und das Verfahren der Zuteilung und des Erwerbs von Ausgleichsforderungen in der Fassung der Bekanntmachung vom 7. Dezember 1994 (BGBl. I S. 3738), die durch die Verordnung vom 26. September 1995 (BGBl. I S. 1194) geändert worden ist,

2.

bis zu insgesamt 10 Prozent des Gesamtbetrages der im Umlauf befindlichen Hypothekenpfandbriefe durch Werte der in § 4 Absatz 1 Satz 2 Nummer 1 und 2 bezeichneten Art, durch Geldforderungen gegen die Europäische Zentralbank, gegen Zentralbanken der Mitgliedstaaten der Europäischen Union oder gegen Kreditinstitute im Sinne des § 4 Absatz 1 Satz 2 Nummer 3,

30

sofern die Höhe der Forderungen der Pfandbriefbank bereits beim Erwerb bekannt ist, sowie durch das jeweilige Guthaben aus einer Kontoverbindung mit den vorgenannten Stellen; der Anteil an Geldforderungen gegen ein und dasselbe Kreditinstitut darf nicht höher sein als 2 Prozent des Gesamtbetrages der in Halbsatz 1 genannten Hypothekenpfandbriefe,

3.

bis zu insgesamt 20 Prozent des Gesamtbetrages der im Umlauf befindlichen Hypothekenpfandbriefe durch Werte der in § 20 Abs. 1 bezeichneten Art, sofern es sich um Schuldverschreibungen handelt; die in Nummer 2 genannten Deckungswerte sind anzurechnen,

4.

durch Ansprüche aus Derivategeschäften im Sinne des § 4 Abs. 3 Satz 2, die mit geeigneten Kreditinstituten, Kapitalverwaltungsgesellschaften mit einer Erlaubnis nach § 7 oder § 97 Absatz 1 des Investmentgesetzes in der bis zum 21. Juli 2013 geltenden Fassung, die für den in § 345 Absatz 2 Satz 1, Absatz 3 Satz 2, in Verbindung mit Absatz 2 Satz 1, oder Absatz 4 Satz 1 des Kapitalanlagegesetzbuchs vorgesehenen Zeitraum noch fortbesteht oder mit einer Erlaubnis nach den §§ 20, 21 oder §§ 20, 22 des Kapitalanlagegesetzbuchs, Finanzdienstleistungsinstituten, Versicherungsunternehmen, einer zentralen Gegenpartei bei einer Börse, dem Bund oder den Ländern abgeschlossen werden, sofern sichergestellt ist, dass die Ansprüche der Pfandbriefbank nach Maßgabe des

Rahmenvertrags im Falle der Insolvenz der Pfandbriefbank oder der anderen Deckungsmassen nicht beeinträchtigt werden können; sofern für das in Deckung befindliche Derivategeschäft keine angemessene Besicherung vorliegt, müssen Kreditinstitute die Bonitätsanforderungen des § 4 Absatz 1 Satz 2 Nummer 3 erfüllen. Die Geschäfte dürfen nur Risiken beinhalten oder nachbilden, welche die Pfandbriefbank auch mit Geschäften über die übrigen nach diesem Gesetz zulässigen Deckungswerte eingehen kann; ausgeschlossen sind Optionen und andere Derivate, wenn sie eine offene Stillhalterposition der Pfandbriefbank begründen, sowie Geschäfte, die in vergleichbarer Weise ein einer offenen Stillhalterposition entsprechendes Risiko begründen. Der Anteil der Ansprüche der Pfandbriefbank aus den in Deckung genommenen Derivategeschäften am Gesamtbetrag der Deckungswerte sowie der Anteil der Verbindlichkeiten der Pfandbriefbank aus diesen Derivategeschäften am Gesamtbetrag der im Umlauf befindlichen Hypothekenpfandbriefe zuzüglich der Verbindlichkeiten aus Derivategeschäften dürfen jeweils 12 Prozent nicht überschreiten; die Berechnung hat auf der Grundlage der Barwerte der Derivategeschäfte zu erfolgen; auf die Grenzen nach Halbsatz 1 sind Ansprüche und Verbindlichkeiten der Pfandbriefbank aus solchen in Deckung genommenen Derivategeschäften nicht anzurechnen, die ausschließlich der Absicherung eines Währungsrisikos von Deckungswerten und Pfandbriefen dienen.

Für Nummer 2 gilt § 4 Absatz 1 Satz 4 bis 8 entsprechend.

(2) Im Falle des § 2 Abs. 3 kann die Bundesanstalt Ausnahmen von den Begrenzungen des Absatzes 1 Nr. 2 und 3 zulassen.

Unterabschnitt 2

Öffentliche Pfandbriefe

§ 20 Deckungswerte

(1) Zur Deckung Öffentlicher Pfandbriefe dürfen nur Geldforderungen aus der Vergabe von Darlehen, aus Schuldverschreibungen oder aus einem vergleichbaren Rechtsgeschäft oder andere, von den in Nummer 1 Buchstabe a bis f genannten Stellen schriftlich als einredefrei anerkannte Forderungen benutzt werden,

1.

    die sich unmittelbar richten gegen

    a)

        inländische Gebietskörperschaften und solche Körperschaften und Anstalten des öffentlichen Rechts, für die eine Anstaltslast oder eine auf Gesetz beruhende Gewährträgerhaftung oder eine staatliche Refinanzierungsgarantie gilt oder die das gesetzliche Recht zur Erhebung von Gebühren, Umlagen oder anderen Abgaben innehaben,

    b)

        Mitgliedstaaten der Europäischen Union oder Vertragsstaaten des Abkommens über den Europäischen Wirtschaftsraum sowie deren Zentralnotenbanken,

c)

Regionalverwaltungen sowie Gebietskörperschaften der in Buchstabe b genannten Staaten,

d)

die Vereinigten Staaten von Amerika, Japan, die Schweiz und Kanada sowie deren Zentralnotenbanken, sofern das Risikogewicht nach Tabelle 1 des Artikels 114 Absatz 2 der Verordnung (EU) Nr. 575/2013 entsprechend der von den zuständigen Behörden vorgenommenen Zuordnung des Ratings anerkannter internationaler Ratingagenturen der Bonitätsstufe 1 zugeordnet worden ist,

e)

Regionalverwaltungen sowie Gebietskörperschaften der in Buchstabe d genannten Staaten, sofern sie von der jeweiligen nationalen Behörde dem Zentralstaat gleichgestellt worden sind oder sofern ihnen ein der Bonitätsstufe 1 entsprechendes Risikogewicht nach Tabelle 5 des Artikels 121 Absatz 1 der Verordnung (EU) Nr. 575/2013 nach den nationalen Regelungen zugeordnet worden ist, die zur Umsetzung der Rahmenvereinbarung „Internationale Konvergenz der Kapitalmessung und Eigenkapitalanforderungen" des Baseler Ausschusses für Bankenaufsicht vom Juni 2004 erlassen worden sind; für die Zuordnung zur Bonitätsstufe 1 sind die Ratings anerkannter internationaler Ratingagenturen maßgeblich; hierfür gilt Artikel 115 Absatz 4 der Verordnung (EU) Nr. 575/2013 entsprechend,

f)

die Europäische Zentralbank sowie multilaterale
Entwicklungsbanken und internationale Organisationen im
Sinne der Artikel 117 und 118 der Verordnung (EU) Nr.
575/2013 oder den Europäischen Stabilitätsmechanismus,

g)

öffentliche Stellen eines Mitgliedstaats der Europäischen
Union oder eines anderen Vertragsstaats des Abkommens
über den Europäischen Wirtschaftsraum,

h)

öffentliche Stellen im Sinne des Artikels 4 Absatz 1 Nummer 8
der Verordnung (EU) Nr. 575/2013 der unter Buchstabe d
genannten Staaten, sofern sie die in Buchstabe e
aufgeführten Anforderungen erfüllen, oder

2.

für die eine der in Nummer 1 Buchstabe a bis f genannten Stellen
oder ein Exportkreditversicherer mit Sitz in einem der in Nummer 1
Buchstabe b und d genannten Staaten, sofern die Anforderungen
der Nummer 1 Buchstabe g oder Buchstabe h erfüllt sind, die
Gewährleistung übernommen hat. Eine Gewährleistung liegt
insoweit vor, als auf Grund eines Gesetzes, einer Verordnung,
einer Satzung oder eines Rechtsgeschäfts der Forderungsinhaber
einen Anspruch gegen den Gewährleistenden hat, dass dieser im
Falle der Nichtzahlung des Schuldners die für die Erfüllung der
Verpflichtung erforderlichen Mittel zur Verfügung stellt. Der
Gewährleistende darf gegenüber der Pfandbriefbank nicht das

Recht haben, Einwendungen aus dem Rechtsverhältnis mit Dritten geltend zu machen oder sich einseitig von seinen Verpflichtungen zu lösen, oder

3.

die von einer

a)

Zentralregierung, Zentralnotenbank, Regionalverwaltung oder örtlichen Gebietskörperschaft eines in Nummer 1 Buchstabe d aufgeführten Staates,

b)

von einer öffentlichen Stelle eines in Nummer 1 Buchstabe d aufgeführten Staates,

c)

von einer multilateralen Entwicklungsbank oder

d)

von einer internationalen Organisation geschuldet oder von den in Buchstabe a, c oder d genannten Einrichtungen gewährleistet werden, sofern der Schuldner oder Gewährleistungsgeber der Bonitätsstufe 2 zugeordnet ist und zum Zeitpunkt der Eintragung der konkreten Forderung in das Deckungsregister der Bonitätsstufe 1 zugeordnet war und diese Forderungen insgesamt 20 Prozent des Gesamtbetrages der ausstehenden Öffentlichen Pfandbriefe der Pfandbriefbank nicht übersteigen.

(2) Die in Absatz 1 vorgeschriebene Deckung kann auch erfolgen

1.

durch die in § 19 Abs. 1 Nr. 1 genannten Werte;

2.

bis zu 10 Prozent des Gesamtbetrages der im Umlauf befindlichen Öffentlichen Pfandbriefe durch Geldforderungen gegen die Europäische Zentralbank, gegen Zentralbanken der Mitgliedstaaten der Europäischen Union oder gegen Kreditinstitute im Sinne des § 4 Abs. 1 Satz 2 Nr. 3, sofern die Höhe der Forderungen der Pfandbriefbank bereits beim Erwerb bekannt ist, sowie durch das jeweilige Guthaben aus einer Kontoverbindung mit den vorgenannten Stellen; der Anteil an Geldforderungen gegen ein und dasselbe geeignete Kreditinstitut darf nicht höher als 2 Prozent des Gesamtbetrages der im Umlauf befindlichen Öffentlichen Pfandbriefe sein; § 4 Absatz 1 Satz 4 bis 8 gilt entsprechend;

3.

durch die in § 19 Abs. 1 Nr. 4 genannten Werte unter den dort genannten Voraussetzungen und Begrenzungen mit der Maßgabe, dass an die Stelle des Gesamtbetrages der im Umlauf befindlichen Hypothekenpfandbriefe der Gesamtbetrag der im Umlauf befindlichen Öffentlichen Pfandbriefe tritt.

(2a) Der Gesamtbetrag der Forderungen gegen außerhalb der Mitgliedstaaten der Europäischen Union ansässige Schuldner, bei denen nicht sichergestellt ist, dass sich das Vorrecht der Gläubiger der Öffentlichen Pfandbriefe nach § 30 Absatz 1 auf die Forderungen der Pfandbriefbank nach den Absätzen 1 und 2 erstreckt, darf 10 Prozent des Gesamtbetrags der Forderungen, bei denen das Vorrecht sichergestellt ist oder für die eine Verpflichtung nach Satz 3 besteht, nicht übersteigen. Satz 1 gilt entsprechend für Ansprüche gegen Gewährleistende nach Absatz 1 Nummer 2. Eine Anrechnung von Forderungen gegen die in den Sätzen 1 und 2 genannten Schuldner auf die in Satz 1 genannte Grenze unterbleibt, soweit eine der in Absatz 1 Nummer 1 Buchstabe b oder Buchstabe d genannten Stellen oder ein Exportkreditversicherer, der die Anforderungen des Absatzes 1 Nummer 2 erfüllt, gegenüber der Pfandbriefbank die Verpflichtung übernommen hat, die Pfandbriefbank mit beschränkter Geschäftstätigkeit im Falle der Entziehung der betreffenden Forderung schadlos zu stellen, und dieser Anspruch bei der betreffenden Forderung in das Deckungsregister für Öffentliche Pfandbriefe eingetragen wird; sofern der zur Schadlosstellung Verpflichtete seinen Sitz außerhalb der Mitgliedstaaten der Europäischen Union hat, unterbleibt die Anrechnung auf die in Satz 1 genannte Grenze nur, wenn sichergestellt ist, dass sich das Vorrecht der Pfandbriefgläubiger auf den Anspruch auf Schadlosstellung erstreckt.

(3) Im Falle des § 2 Abs. 3 kann die Bundesanstalt Ausnahmen von den Begrenzungen des Absatzes 2 zulassen.

(4) Die eingetragenen Deckungswerte erstrecken sich auch auf alle Forderungen, deren Inhaber die Pfandbriefbank ist und die auf die wirtschaftliche Substanz des Deckungswertes gerichtet sind, im Falle einer nach Absatz 1 Nummer 2 gewährleisteten Hypothek insbesondere auch auf die in § 12 Abs. 3 genannten Forderungen.

Unterabschnitt 3

Schiffspfandbriefe

§ 21 Deckungswerte

Zur Deckung für Schiffspfandbriefe dürfen nur durch Schiffshypotheken gesicherte Darlehensforderungen verwendet werden, soweit sie den Erfordernissen der §§ 22 bis 24 entsprechen. Im Falle einer teilweisen Verwendung einer Darlehensforderung zur Deckung hat die Pfandbriefbank den Vorgang nachvollziehbar zu dokumentieren.

§ 22 Beleihungsgrenze

(1) Die Beleihung ist auf Schiffe und Schiffsbauwerke beschränkt, die in einem öffentlichen Register eingetragen sind.

(2) Die Beleihung darf die ersten 60 Prozent des von der Pfandbriefbank auf Grund einer Wertermittlung nach § 24 festgesetzten Wertes des Schiffes (Schiffsbeleihungswert) oder Schiffsbauwerkes nicht übersteigen. Sie darf nur durch Gewährung von Abzahlungsdarlehen erfolgen, wobei die Abzahlung des Darlehens in der Regel gleichmäßig auf die einzelnen Jahre zu verteilen ist; die Vereinbarung sich ermäßigender Tilgungsraten ist unschädlich. Wird für ein Darlehen vereinbart, dass dieses bis zum Ende der Darlehenslaufzeit nicht vollständig durch Abzahlungsraten gemäß Satz 2, sondern zusätzlich durch eine am Ende der Darlehenslaufzeit zu erbringende Schlussrate zu tilgen ist, gilt dies nicht als Fall ungleichmäßiger Abzahlung, wenn die Schlussrate den Betrag nicht übersteigt, der bei Zugrundelegung der für das Darlehen vereinbarten

gleichmäßigen Abzahlung bis zum Ende des 20. Lebensjahres des Schiffes zurückgezahlt werden könnte. Die Bundesanstalt kann in Einzelfällen weitere Ausnahmen von den Vorschriften der Sätze 1 und 2 zulassen, wenn die Eigenart des zu beleihenden Schiffes oder Schiffsbauwerks, die wirtschaftlichen Verhältnisse des Darlehensschuldners oder zusätzliche Sicherheiten sie gerechtfertigt erscheinen lassen.

(3) (weggefallen)

(4) Die Beleihung darf höchstens bis zum Ende des 20. Lebensjahres des Schiffes reichen, es sei denn, dass eine geringere Lebensdauer zu erwarten ist. Die Bundesanstalt kann darüber hinaus unter den Voraussetzungen des Absatzes 2 Satz 4 weitere Ausnahmen zulassen. Eine dem Darlehensnehmer gewährte Stundung, die zur Folge haben würde, dass die zulässige Höchstdauer des Beleihungszeitraums überschritten wird, ist nur mit Zustimmung des Treuhänders zulässig. Werden mehrere Schiffe oder Schiffsbauwerke durch eine durch Schiffshypotheken gesicherte Darlehensforderung beliehen, ist die Darlehensforderung nur dann zur Deckung geeignet, wenn bei deren Aufteilung auf die einzelnen Schiffe und Schiffsbauwerke die einzelnen Darlehensforderungen zur Deckung geeignet wären.

(5) Die Beleihung von Schiffen und Schiffsbauwerken, die im Ausland registriert sind, ist zulässig, wenn nach dem Recht des Staates, in dessen Register das Schiff oder das Schiffsbauwerk eingetragen ist,

1.

an Schiffen und Schiffsbauwerken ein dingliches Recht bestellt werden kann, das in ein öffentliches Register eingetragen wird,

40

2.

das dingliche Recht dem Gläubiger eine der Schiffshypothek des deutschen Rechts vergleichbare Sicherheit, insbesondere das Recht gewährt, wegen der gesicherten Darlehensforderung Befriedigung aus dem Schiff oder dem Schiffsbauwerk zu suchen,

3.

die Rechtsverfolgung für Gläubiger, die einem anderen Staat angehören, gegenüber den eigenen Staatsangehörigen nicht wesentlich erschwert ist.

Der Gesamtbetrag der Beleihungen nach Satz 1 außerhalb der Mitgliedstaaten der Europäischen Union, bei denen nicht sichergestellt ist, dass sich das Vorrecht der Schiffspfandbriefgläubiger nach § 30 Abs. 1 auf die Forderungen der Pfandbriefbank aus diesen Beleihungen erstreckt, darf 20 Prozent des Gesamtbetrages der Forderungen, bei denen das Vorrecht sichergestellt ist, nicht übersteigen. Sieht das Recht des Staates, in dessen Register das Schiff oder Schiffsbauwerk eingetragen ist, vor, dass das dingliche Recht ohne Eintragung in ein öffentliches Register entsteht, zur Sicherung der Rechte des Gläubigers Dritten gegenüber aber in ein solches Register eingetragen werden kann, so ist die Beleihung nur mit der Maßgabe zulässig, dass die Pfandbriefbank die Eintragung in das öffentliche Register unverzüglich herbeiführt. Die Beleihung ist regelmäßig nur zur ersten Stelle zulässig; Absatz 2 Satz 4 gilt entsprechend.

(6) Die eingetragenen Deckungswerte erstrecken sich auch auf alle Forderungen, deren Inhaber die Pfandbriefbank ist und die auf die

wirtschaftliche Substanz des Schiffes oder Schiffsbauwerkes gerichtet sind, insbesondere Forderungen, auf die sich die Schiffshypothek bei in das deutsche Seeschiffsregister eingetragenen Schiffen und Schiffsbauwerken nach den §§ 31 und 32 des Gesetzes über Rechte an eingetragenen Schiffen und Schiffsbauwerken erstrecken würde, sowie Miet- und Pachtforderungen, Forderungen auf die Übertragung des Schiffes oder Schiffsbauwerkes und Forderungen auf Auskehr des Erlöses einer Verwertung.

§ 23 Versicherung

(1) Das Schiff oder das Schiffsbauwerk muss während der gesamten Dauer der Beleihung zumindest in Höhe von 110 Prozent der jeweiligen ausstehenden Darlehensforderungen zuzüglich eventueller vor- oder gleichrangiger Schiffshypotheken Dritter entsprechend den Geschäftsbedingungen der Pfandbriefbank versichert sein. Der Versicherer muss sich verpflichtet haben, der Pfandbriefbank gegenüber Einwendungen auf Grund des § 36 Abs. 2 Nr. 2 des Gesetzes über Rechte an eingetragenen Schiffen und Schiffsbauwerken oder bei Beleihung von im Ausland registrierten Schiffen und Schiffsbauwerken die entsprechenden Einwendungen nicht zu erheben.

(2) Die Pfandbriefbank hat die Beleihung dem Versicherer unverzüglich anzuzeigen.

(3) Soweit der Versicherer auf Grund der nach Absatz 1 übernommenen Verpflichtung die Pfandbriefbank befriedigt, geht die Schiffshypothek auf ihn über. Der Übergang kann nicht zum Nachteil

der Pfandbriefbank oder eines gleich- oder nachstehenden Schiffshypothekengläubigers, demgegenüber die Verpflichtung des Versicherers zur Leistung bestehen geblieben ist, geltend gemacht werden.

(4) Erstreckt sich die Schiffshypothek nicht kraft Gesetzes auf die Versicherungsforderung, ist die Beleihung nur zulässig, wenn die Pfandbriefbank durch Vertrag eine entsprechende Sicherheit erhält.

§ 24 Beleihungswertermittlung

(1) Die als Grundlage für die Festsetzung des Schiffsbeleihungswertes dienende Wertermittlung ist von einem von der Kreditentscheidung unabhängigen Gutachter vorzunehmen, der über die hierzu notwendige Berufserfahrung sowie über die notwendigen Fachkenntnisse für Schiffsbeleihungswertermittlungen verfügen muss.

(2) Der Schiffsbeleihungswert darf den Wert nicht überschreiten, der sich im Rahmen einer vorsichtigen Bewertung der zukünftigen Verkäuflichkeit des Schiffes und unter Berücksichtigung der langfristigen, nachhaltigen Merkmale des Objektes, der Marktgegebenheiten sowie der derzeitigen und möglichen anderweitigen Nutzungen ergibt. Spekulative Elemente dürfen dabei nicht berücksichtigt werden. Der Schiffsbeleihungswert darf einen auf transparente Weise und nach einem anerkannten Bewertungsverfahren ermittelten Marktwert nicht übersteigen. § 16 Abs. 2 Satz 4 gilt entsprechend.

(3) Die Absätze 1 und 2 gelten für die Bewertung eines Schiffsbauwerkes sinngemäß.

(4) Die zur Deckung von Schiffspfandbriefen in Ansatz gebrachten, durch Schiffshypotheken an Schiffsbauwerken gesicherten Forderungen dürfen zusammen 20 Prozent des Gesamtbetrages der zur Deckung der Schiffspfandbriefe verwendeten Schiffshypotheken nicht übersteigen.

(5) Das Bundesministerium der Finanzen wird ermächtigt, im Einvernehmen mit dem Bundesministerium der Justiz und für Verbraucherschutz durch Rechtsverordnung, die nicht der Zustimmung des Bundesrates bedarf, Einzelheiten der Methodik und Form der Schiffsbeleihungswertermittlung sowie die Mindestanforderungen an die Qualifikation des Gutachters zu bestimmen. Vor Erlass der Rechtsverordnung sind die Spitzenverbände der Kreditwirtschaft anzuhören. Das Bundesministerium der Finanzen kann diese Ermächtigung durch Rechtsverordnung auf die Bundesanstalt für Finanzdienstleistungsaufsicht übertragen.

§ 25 Abzahlungsbeginn

Der Beginn der Abzahlung darf für einen Zeitraum, der die Dauer von zwei Jahren nicht übersteigt, hinausgeschoben werden; mit Genehmigung der Bundesanstalt kann dieser Zeitraum für einzelne Darlehensforderungen aus besonderen Gründen bis zu fünf Jahren verlängert werden.

§ 26 Weitere Deckungswerte

(1) Die in § 21 Satz 1 vorgeschriebene Deckung kann auch erfolgen

1.

44

durch Schuldversprechen oder Schuldanerkenntnisse im Sinne der §§ 780 und 781 des Bürgerlichen Gesetzbuchs, die durch Schiffshypotheken gesichert sind, sofern ihnen Darlehensforderungen zugrunde liegen, die den in den §§ 22 bis 24 bezeichneten Erfordernissen entsprechen; soweit die Darlehensforderungen den vorgenannten Erfordernissen nur teilweise entsprechen, können sie nur in diesem Umfang zur Deckung verwendet werden; § 21 Satz 2 gilt entsprechend;

2.

durch Werte der in § 19 Abs. 1 Nr. 1 bezeichneten Art;

3.

bis zu 10 Prozent des Gesamtbetrages der im Umlauf befindlichen Schiffspfandbriefe durch Werte der in § 4 Abs. 1 Satz 2 Nr. 1 und 2 bezeichneten Art, durch Geldforderungen gegen die Europäische Zentralbank, gegen Zentralbanken der Mitgliedstaaten der Europäischen Union oder gegen Kreditinstitute im Sinne des § 4 Abs. 1 Satz 2 Nr. 3, sofern die Höhe der Forderungen der Pfandbriefbank bereits beim Erwerb bekannt ist, sowie durch das jeweilige Guthaben aus einer Kontoverbindung mit den vorgenannten Stellen; der Anteil an Geldforderungen gegen ein und dasselbe Kreditinstitut darf nicht höher als 2 Prozent des Gesamtbetrages der in Halbsatz 1 genannten Schiffspfandbriefe sein; § 4 Absatz 1 Satz 4 bis 8 gilt entsprechend;

4.

bis zu insgesamt 20 Prozent des Gesamtbetrages der im Umlauf befindlichen Schiffspfandbriefe durch Werte der in § 20 Abs. 1

bezeichneten Art, sofern es sich um Schuldverschreibungen handelt; die in Nummer 3 genannten Deckungswerte sind anzurechnen;

5.

durch die in § 19 Abs. 1 Nr. 4 genannten Werte unter den dort genannten Voraussetzungen und Begrenzungen mit der Maßgabe, dass an die Stelle des Gesamtbetrages der im Umlauf befindlichen Hypothekenpfandbriefe der Gesamtbetrag der im Umlauf befindlichen Schiffspfandbriefe tritt.

(2) Im Falle des § 2 Abs. 3 kann die Bundesanstalt Ausnahmen von den Begrenzungen des Absatzes 1 Nr. 3 und 4 zulassen.

Unterabschnitt 4

Flugzeugpfandbriefe

§ 26a Deckungswerte

Zur Deckung für Flugzeugpfandbriefe dürfen nur durch Registerpfandrechte nach § 1 des Gesetzes über Rechte an Luftfahrzeugen oder durch ausländische Flugzeughypotheken gesicherte Darlehensforderungen verwendet werden, soweit sie den Erfordernissen der §§ 26b bis 26f entsprechen. Im Falle einer teilweisen Verwendung einer Darlehensforderung zur Deckung hat die Pfandbriefbank den Vorgang nachvollziehbar zu dokumentieren.

46

§ 26b Beleihungsgrenze

(1) Die Beleihung ist auf Flugzeuge im Sinne des § 1 Abs. 2 Satz 1 Nr. 1 des Luftverkehrsgesetzes beschränkt, die in einem öffentlichen Register eingetragen sind.

(2) Die Beleihung darf die ersten 60 Prozent des von der Pfandbriefbank auf Grund einer Wertermittlung nach § 26d festgesetzten Wertes des Flugzeuges (Flugzeugbeleihungswert) nicht übersteigen. Es ist durch geeignete Maßnahmen sicherzustellen, dass sich das Registerpfandrecht oder die ausländische Flugzeughypothek auch auf die Triebwerke erstreckt. Umregistrierungen von Flugzeugen und sich daraus ergebende Auswirkungen auf das Registerpfandrecht oder die ausländische Flugzeughypothek sind zu überwachen; die fortlaufende Erfüllung der Anforderungen nach Absatz 4 ist durch geeignete Maßnahmen sicherzustellen. Die Beleihung darf nur durch Gewährung von Abzahlungsdarlehen erfolgen, wobei die Abzahlung des Darlehens in der Regel gleichmäßig auf die einzelnen Jahre zu verteilen ist; die Vereinbarung sich ermäßigender Tilgungsraten ist unschädlich. Wird für ein Darlehen vereinbart, dass dieses bis zum Ende der Darlehenslaufzeit nicht vollständig durch Abzahlungsraten nach Satz 4, sondern zusätzlich durch eine am Ende der Darlehenslaufzeit zu erbringende Schlussrate zu tilgen ist, gilt dies nicht als Fall ungleichmäßiger Abzahlung, wenn die Schlussrate den Betrag nicht übersteigt, der bei Zugrundelegung der für das Darlehen vereinbarten gleichmäßigen Abzahlung bis zum Ende des 20. Lebensjahres des Flugzeuges zurückgezahlt werden könnte. Die Bundesanstalt kann in Einzelfällen weitere Ausnahmen von den

Vorschriften der Sätze 1 und 4 zulassen, wenn die Eigenart des zu beleihenden Flugzeuges, die wirtschaftlichen Verhältnisse des Darlehensschuldners oder zusätzliche Sicherheiten sie gerechtfertigt erscheinen lassen.

(3) Die Beleihung darf höchstens bis zum Ende des 20. Lebensjahres des Flugzeuges reichen, es sei denn, dass eine geringere Lebensdauer zu erwarten ist. Die Bundesanstalt kann darüber hinaus unter den Voraussetzungen des Absatzes 2 Satz 6 weitere Ausnahmen zulassen. Eine dem Darlehensnehmer gewährte Stundung, die zur Folge haben würde, dass die zulässige Höchstdauer des Beleihungszeitraums überschritten wird, ist nur mit Zustimmung des Treuhänders zulässig.

(4) Die Beleihung von Flugzeugen, die im Ausland registriert sind, ist zulässig, wenn nach dem Recht des Staates, in dessen Register das Flugzeug eingetragen ist,

1.

an Flugzeugen ein dingliches Recht bestellt werden kann, das in ein öffentliches Register eingetragen wird,

2.

das dingliche Recht dem Gläubiger eine dem Registerpfandrecht des deutschen Rechts vergleichbare Sicherheit, insbesondere das Recht gewährt, wegen der gesicherten Darlehensforderung Befriedigung aus dem Flugzeug zu suchen, und

3.

die Rechtsverfolgung für Gläubiger, die einem anderen Staat angehören, gegenüber den eigenen Staatsangehörigen nicht wesentlich erschwert ist.

Der Gesamtbetrag der Beleihungen nach Satz 1 außerhalb der Mitgliedstaaten der Europäischen Union, bei denen nicht sichergestellt ist, dass sich das Vorrecht der Flugzeugpfandbriefgläubiger nach § 30 Abs. 1 auf die Forderungen der Pfandbriefbank aus diesen Beleihungen erstreckt, darf 20 Prozent des Gesamtbetrages der Forderungen, bei denen das Vorrecht sichergestellt ist, nicht übersteigen. Sieht das Recht des Staates, in dessen Register das Flugzeug eingetragen ist, vor, dass das dingliche Recht ohne Eintragung in ein öffentliches Register entsteht, zur Sicherung der Rechte des Gläubigers Dritten gegenüber aber in ein solches Register eingetragen werden kann, so ist die Beleihung nur mit der Maßgabe zulässig, dass die Pfandbriefbank die Eintragung in das öffentliche Register unverzüglich herbeiführt. Die Beleihung ist regelmäßig nur zur ersten Stelle zulässig; Absatz 2 Satz 4 gilt entsprechend.

(5) Die eingetragenen Deckungswerte erstrecken sich auch auf alle Forderungen, deren Inhaber die Pfandbriefbank ist und die auf die wirtschaftliche Substanz des Flugzeuges gerichtet sind, insbesondere Forderungen, auf die sich das Registerpfandrecht nach den §§ 31 und 32 des Gesetzes über Rechte an Luftfahrzeugen oder die ausländische Flugzeughypothek erstrecken würde, sowie Miet- und Pachtforderungen, Forderungen auf die Übertragung des Flugzeuges und Forderungen auf Auskehr des Erlöses einer Verwertung.

§ 26c Versicherung

(1) Das Flugzeug muss während der gesamten Dauer der Beleihung zumindest in Höhe von 110 Prozent der jeweiligen ausstehenden Darlehensforderungen zuzüglich eventueller vor- oder gleichrangiger Registerpfandrechte Dritter entsprechend den Geschäftsbedingungen der Pfandbriefbank versichert sein. Der Versicherer muss sich verpflichtet haben, der Pfandbriefbank gegenüber Einwendungen in Bezug auf leistungsbefreiendes Verhalten des Versicherungsnehmers oder des Versicherten nach § 36 Satz 1 des Gesetzes über Rechte an Luftfahrzeugen oder bei Beleihung von im Ausland registrierten Flugzeugen die entsprechenden Einwendungen nicht zu erheben.

(2) Die Pfandbriefbank hat die Beleihung dem Versicherer unverzüglich anzuzeigen.

(3) Soweit der Versicherer auf Grund der nach Absatz 1 übernommenen Verpflichtung die Pfandbriefbank befriedigt, geht das Registerpfandrecht auf ihn über. Der Übergang kann nicht zum Nachteil der Pfandbriefbank oder eines gleich- oder nachstehenden Registerpfandrechtsgläubigers, demgegenüber die Verpflichtung des Versicherers zur Leistung bestehen geblieben ist, geltend gemacht werden.

(4) Erstreckt sich das Registerpfandrecht nicht kraft Gesetzes auf die Versicherungsforderung, ist die Beleihung nur zulässig, wenn die Pfandbriefbank durch Vertrag eine entsprechende Sicherheit erhält.

§ 26d Beleihungswertermittlung

(1) Die als Grundlage für die Festsetzung des Flugzeugbeleihungswertes dienende Wertermittlung ist von einem von der Kreditentscheidung unabhängigen Gutachter vorzunehmen, der über die hierzu notwendige Berufserfahrung sowie über die notwendigen Fachkenntnisse für Flugzeugbeleihungswertermittlungen verfügen muss.

(2) Der Flugzeugbeleihungswert darf den Wert nicht überschreiten, der sich im Rahmen einer vorsichtigen Bewertung der zukünftigen Verkäuflichkeit des Flugzeugs und unter Berücksichtigung der langfristigen, nachhaltigen Merkmale des Objekts, der Marktgegebenheiten sowie der derzeitigen und möglichen anderweitigen Nutzungen ergibt. Spekulative Elemente dürfen dabei nicht berücksichtigt werden. Der Flugzeugbeleihungswert darf einen auf transparente Weise und nach einem anerkannten Bewertungsverfahren ermittelten Marktwert nicht übersteigen. § 16 Abs. 2 Satz 4 gilt entsprechend.

(3) Das Bundesministerium der Finanzen wird ermächtigt, im Einvernehmen mit dem Bundesministerium der Justiz und für Verbraucherschutz durch Rechtsverordnung, die nicht der Zustimmung des Bundesrates bedarf, Einzelheiten der Methodik und Form der Flugzeugbeleihungswertermittlung sowie die Mindestanforderungen an die Qualifikation des Gutachters zu bestimmen. Vor Erlass der Rechtsverordnung sind die Spitzenverbände der Kreditwirtschaft anzuhören. Das Bundesministerium der Finanzen kann diese

Ermächtigung durch Rechtsverordnung auf die Bundesanstalt für Finanzdienstleistungsaufsicht übertragen.

§ 26e Abzahlungsbeginn

Der Beginn der Abzahlung darf für einen Zeitraum, der die Dauer von zwei Jahren nicht übersteigt, hinausgeschoben werden; mit Genehmigung der Bundesanstalt kann dieser Zeitraum für einzelne Darlehensforderungen aus besonderen Gründen bis zu fünf Jahren verlängert werden.

§ 26f Weitere Deckungswerte

(1) Die in § 26a Satz 1 vorgeschriebene Deckung kann auch erfolgen

1.

durch Schuldversprechen oder Schuldanerkenntnisse im Sinne der §§ 780 und 781 des Bürgerlichen Gesetzbuchs, die durch Registerpfandrechte gesichert sind, sofern ihnen Darlehensforderungen zugrunde liegen, die den in den §§ 26b bis 26d bezeichneten Erfordernissen entsprechen; soweit die Darlehensforderungen den vorgenannten Erfordernissen nur teilweise entsprechen, können sie nur in diesem Umfang zur Deckung verwendet werden; § 21 Satz 2 gilt entsprechend;

2.

durch Werte der in § 19 Abs. 1 Nr. 1 bezeichneten Art;

3.

bis zu 10 Prozent des Gesamtbetrages der im Umlauf befindlichen Flugzeugpfandbriefe durch Werte der in § 4 Abs. 1 Satz 2 Nr. 1

und 2 bezeichneten Art, durch Geldforderungen gegen die Europäische Zentralbank, gegen Zentralbanken der Mitgliedstaaten der Europäischen Union oder gegen Kreditinstitute im Sinne des § 4 Abs. 1 Satz 2 Nr. 3, sofern die Höhe der Forderungen der Pfandbriefbank bereits beim Erwerb bekannt ist, sowie durch das jeweilige Guthaben aus einer Kontoverbindung mit den vorgenannten Stellen; der Anteil an Geldforderungen gegen ein und dasselbe Kreditinstitut darf nicht höher als 2 Prozent des Gesamtbetrages der in Halbsatz 1 genannten Flugzeugpfandbriefe sein; § 4 Absatz 1 Satz 4 bis 8 gilt entsprechend;

4.

bis zu insgesamt 20 Prozent des Gesamtbetrages der im Umlauf befindlichen Flugzeugpfandbriefe durch Werte der in § 20 Abs. 1 bezeichneten Art, sofern es sich um Schuldverschreibungen handelt; die in Nummer 3 genannten Deckungswerte sind anzurechnen;

5.

durch die in § 19 Abs. 1 Nr. 4 genannten Werte unter den dort genannten Voraussetzungen und Begrenzungen mit der Maßgabe, dass an die Stelle des Gesamtbetrages der im Umlauf befindlichen Hypothekenpfandbriefe der Gesamtbetrag der im Umlauf befindlichen Flugzeugpfandbriefe tritt.

(2) Im Falle des § 2 Abs. 3 kann die Bundesanstalt Ausnahmen von den Begrenzungen des Absatzes 1 Nr. 3 und 4 zulassen.

Abschnitt 4

Allgemeine Vorschriften für das Pfandbriefgeschäft

§ 27 Risikomanagement

(1) Die Pfandbriefbank muss für das Pfandbriefgeschäft über ein geeignetes Risikomanagementsystem verfügen. Das System hat die Identifizierung, Beurteilung, Steuerung und Überwachung sämtlicher damit verbundener Risiken, wie insbesondere Adressenausfallrisiken, Zinsänderungs-, Währungs- sowie sonstiger Marktpreisrisiken, operationeller Risiken und Liquiditätsrisiken sicherzustellen. Darüber hinaus muss

1.

die Konzentration von Risiken anhand eines Limitsystems begrenzt werden,

2.

ein Verfahren vorgehalten werden, das bei starker Erhöhung des Risikos die Risikorückführung sicherstellt; das Verfahren muss die frühzeitige Information der Entscheidungsträger beinhalten,

3.

das Risikomanagementsystem kurzfristig an sich ändernde Bedingungen angepasst sowie zumindest jährlich einer Überprüfung unterzogen werden,

4.

ein gemäß dieser Vorschrift erstellter Risikoreport dem Vorstand in angemessenen Zeitabständen, mindestens vierteljährlich, vorgelegt werden.

Das Risikomanagementsystem ist ausführlich und nachvollziehbar zu dokumentieren.

(2) Vor Aufnahme von Geschäften in neuen Produkten, Geschäftsarten oder auf neuen Märkten hat die Pfandbriefbank eine umfassende Analyse der damit einhergehenden Risiken und der daraus resultierenden Erfordernisse an das Risikomanagementsystem vorzunehmen und zu dokumentieren. Die Pfandbriefbank darf die Werte erst nach Erwerb eines gefestigten Erfahrungswissens hinsichtlich dieser neuen Geschäfte in Deckung nehmen, bei Geschäften auf neuen Märkten im Bereich des Hypothekarkredites nicht jedoch vor Ablauf von zwei Jahren nach deren Aufnahme. Das Vorhandensein eines gefestigten Erfahrungswissens ist ausführlich schriftlich darzulegen.

§ 27a Pfandbriefmeldungen; Verordnungsermächtigung

(1) Die Pfandbriefbank hat der Bundesanstalt innerhalb von zwei Wochen nach Quartalsende auf das Quartalsende bezogen zu jeder Gattung im Umlauf befindlicher Pfandbriefe Meldungen zu den Deckungsmassen, insbesondere zu deren Werthaltigkeit, einzureichen. Die Bundesanstalt kann den Berichtszeitraum für einzelne Pfandbriefbanken oder im Wege der Allgemeinverfügung für einzelne Pfandbriefgattungen auf einen Monat verkürzen, sofern dies die Deckungssituation oder die Marktverhältnisse angemessen erscheinen lassen.

(2) Das Bundesministerium der Finanzen kann durch Rechtsverordnung, die nicht der Zustimmung des Bundesrates bedarf,

nähere Bestimmungen über Inhalt und Umfang und über die zu verwendenden Datenträger, Übertragungswege und Datenformate der Pfandbriefmeldungen erlassen. Vor Erlass der Rechtsverordnung sind die Spitzenverbände der Kreditwirtschaft anzuhören. Das Bundesministerium der Finanzen kann diese Ermächtigung durch Rechtsverordnung auf die Bundesanstalt übertragen.

Fußnote

(+++ § 27a Abs. 1: Zur Anwendung vgl. § 54 Satz 3 +++)

§ 28 Transparenzvorschriften

(1) Die Pfandbriefbank hat quartalsweise folgende, jeweils auf das Quartalsende bezogene Angaben zu veröffentlichen:

1.

den jeweiligen Gesamtbetrag der im Umlauf befindlichen Hypothekenpfandbriefe, Öffentlichen Pfandbriefe, Schiffspfandbriefe und Flugzeugpfandbriefe sowie der entsprechenden Deckungsmassen in Höhe des Nennwertes, des Barwertes sowie des in der Rechtsverordnung nach § 4 Abs. 6 festgelegten Risikobarwertes,

2.

die Laufzeitenstruktur der im Umlauf befindlichen Hypothekenpfandbriefe, Öffentlichen Pfandbriefe, Schiffspfandbriefe und Flugzeugpfandbriefe sowie die Zinsbindungsfristen der entsprechenden Deckungsmassen, jeweils in Stufen von bis zu sechs Monaten, von mehr als sechs Monaten bis zu zwölf Monaten, von mehr als zwölf Monaten bis zu

18 Monaten, von mehr als 18 Monaten bis zu zwei Jahren, von mehr als zwei Jahren bis zu drei Jahren, von mehr als drei Jahren bis zu vier Jahren, von mehr als vier Jahren bis zu fünf Jahren, von mehr als fünf Jahren bis zu zehn Jahren und über zehn Jahren,

3.

den Anteil der Derivategeschäfte an den Deckungsmassen gemäß § 19 Abs. 1 Nr. 4 Satz 3, auch in Verbindung mit § 20 Abs. 2 Nr. 3 und § 26 Abs. 1 Nr. 5 sowie § 26f Abs. 1 Nr. 5, bei einem negativen Gesamtwert der Derivategeschäfte an Stelle des Anteils an den Deckungsmassen den Anteil an den zu deckenden Verbindlichkeiten,

4.

jeweils den Gesamtbetrag der in das Deckungsregister eingetragenen Forderungen im Sinne des § 19 Absatz 1 Nummer 1, § 20 Absatz 2 Nummer 1, § 26 Absatz 1 Nummer 2 und § 26f Absatz 1 Nummer 2,

5.

jeweils den Gesamtbetrag der in das Deckungsregister eingetragenen Forderungen im Sinne des § 19 Absatz 1 Nummer 2, § 20 Absatz 2 Nummer 2, § 26 Absatz 1 Nummer 3 und § 26f Absatz 1 Nummer 3 jeweils mit Ausnahme der Werte im Sinne des § 4 Absatz 1 Satz 2 Nummer 1 und 2 getrennt nach den Staaten, in denen die Schuldner ihren Sitz haben, und hierzu jeweils zusätzlich den Gesamtbetrag der Forderungen im Sinne des Artikels 129 der Verordnung (EU) Nr. 575/2013,

6.

jeweils den Gesamtbetrag der in das Deckungsregister eingetragenen Forderungen im Sinne des § 19 Absatz 1 Nummer 3 zuzüglich der Werte nach § 19 Absatz 1 Nummer 2 in Verbindung mit § 4 Absatz 1 Satz 2 Nummer 1 und 2, § 26 Absatz 1 Nummer 4 zuzüglich der Werte nach § 26 Absatz 1 Nummer 3 in Verbindung mit § 4 Absatz 1 Satz 2 Nummer 1 und 2 sowie § 26f Absatz 1 Nummer 4 zuzüglich der Werte nach § 26f Absatz 1 Nummer 3 in Verbindung mit § 4 Absatz 1 Satz 2 Nummer 1 und 2 getrennt nach den Staaten, in denen die Schuldner oder im Fall einer vollen Gewährleistung die gewährleistenden Stellen ihren Sitz haben,

7.

für die in das Deckungsregister eingetragenen Hypotheken nach § 12 Absatz 1 auch den Gesamtbetrag der Forderungen, die die Grenzen des § 13 Absatz 1 überschreiten,

8.

für die Nummern 5 und 6 jeweils auch den Gesamtbetrag der Forderungen, die die Begrenzungen des § 19 Absatz 1, des § 20 Absatz 2, des § 26 Absatz 1 und des § 26f Absatz 1 überschreiten,

9.

den prozentualen Anteil der festverzinslichen Deckungswerte an der entsprechenden Deckungsmasse sowie den prozentualen Anteil der festverzinslichen Pfandbriefe an den zu deckenden Verbindlichkeiten,

10.

je Fremdwährung den Nettobarwert nach § 6 der Pfandbrief-

Barwertverordnung und

11.

für die zur Deckung nach § 12 Absatz 1 verwendeten Forderungen

auch den volumengewichteten Durchschnitt der seit der

Kreditvergabe verstrichenen Laufzeit.

Die Angaben sind in den Anhang des Jahresabschlusses aufzunehmen

und für die Dauer von zwei Jahren auf der Internetseite der

Pfandbriefbank zu veröffentlichen. Die Veröffentlichung der Angaben

auf der Internetseite hat für die ersten drei Quartale eines

Geschäftsjahres jeweils innerhalb eines Monats nach Quartalsende zu

erfolgen; für das vierte Quartal eines Geschäftsjahres hat die

Veröffentlichung der Angaben innerhalb von zwei Monaten nach

Quartalsende zu erfolgen.

(2) Für den Gesamtbetrag der zur Deckung von

Hypothekenpfandbriefen verwendeten Forderungen nach § 12 Absatz

1 sind zusätzlich anzugeben:

1.

die Verteilung mit den nennwertig als Deckung in Ansatz

gebrachten Beträgen

a)

nach ihrer Höhe in Stufen bis zu 300 000 Euro, von mehr als

300 000 Euro bis zu 1 Million Euro, von mehr als 1 Million

Euro bis zu 10 Millionen Euro und von mehr als 10 Millionen

Euro,

b)

nach den Staaten, in denen die Grundstückssicherheiten liegen, dabei jeweils

c)

nach gewerblich und wohnwirtschaftlich genutzten Grundstücken sowie nach Eigentumswohnungen, Ein- und Zweifamilienhäusern, Mehrfamilienhäusern, Bürogebäuden, Handelsgebäuden, Industriegebäuden, sonstigen gewerblich genutzten Gebäuden, unfertigen und noch nicht ertragsfähigen Neubauten sowie Bauplätzen,

2.

der Gesamtbetrag der mindestens 90 Tage rückständigen Leistungen auf diese Forderungen sowie der Gesamtbetrag dieser Forderungen, soweit der jeweilige Rückstand mindestens 5 Prozent der Forderung beträgt, und deren Verteilung nach Staaten entsprechend Nummer 1 Buchstabe b,

3.

der durchschnittliche, anhand des Betrags der zur Deckung verwendeten Forderungen gewichtete Beleihungsauslauf; werden mehrere auf einem Grundstück lastende Hypotheken zur Deckung genutzt, so ist hiervon nur diejenige mit dem höchsten Beleihungsauslauf zugrunde zu legen; Beleihungsauslauf im Sinne dieses Gesetzes ist das prozentuale Verhältnis der nach § 14 zur Deckung genutzten Hypothek zuzüglich der ihr vorrangigen und gleichrangigen Belastungen zum Beleihungswert, sowie

4.

ausschließlich im Anhang des Jahresabschlusses

a)

die Zahl der Zwangsversteigerungs- und Zwangsverwaltungsverfahren, die am Abschlussstichtag anhängig waren, sowie die Zahl der im Geschäftsjahr durchgeführten Zwangsversteigerungen,

b)

die Zahl der Fälle, in denen die Pfandbriefbank während des Geschäftsjahres Grundstücke zur Verhütung von Verlusten an Hypotheken hat übernehmen müssen,

c)

der Gesamtbetrag der Rückstände auf die von Hypothekenschuldnern zu entrichtenden Zinsen, soweit diese nicht bereits in den vorhergehenden Jahren abgeschrieben worden sind.

Die in Satz 1 Nummer 4 Buchstabe a bis c bezeichneten Angaben sind getrennt nach gewerblich genutzten und Wohnzwecken dienenden Grundstücken aufzuführen.

(3) Für den Gesamtbetrag der zur Deckung von Öffentlichen Pfandbriefen verwendeten Forderungen nach § 20 Absatz 1 sind zusätzlich anzugeben:

1.

die Verteilung mit den nennwertig als Deckung in Ansatz gebrachten Beträgen nach ihrer Höhe in Stufen bis zu 10 Millionen Euro, von mehr als 10 Millionen Euro bis zu 100 Millionen Euro und von mehr als 100 Millionen Euro, jeweils bezogen auf einen Schuldner oder eine gewährleistende Stelle;

2.

verteilt auf die einzelnen Staaten, in denen die Schuldner und im Falle einer Gewährleistung die gewährleistenden Stellen ihren Sitz haben, die nennwertig als Deckung in Ansatz gebrachten Beträge, der Art nach zusätzlich danach aufgeschlüsselt, ob sich die Forderung gegen den Staat, regionale Gebietskörperschaften, örtliche Gebietskörperschaften oder sonstige Schuldner richtet oder von diesen jeweils gewährleistet ist sowie danach, ob eine Gewährleistung aus Gründen der Exportförderung gewährt wurde;

3.

der Gesamtbetrag der mindestens 90 Tage rückständigen Leistungen auf diese Forderungen sowie der Gesamtbetrag dieser Forderungen, soweit der jeweilige Rückstand mindestens 5 Prozent der Forderung beträgt, und deren regionale Verteilung gemäß Nummer 1.

(4) Für den Gesamtbetrag der zur Deckung von Schiffspfandbriefen und Flugzeugpfandbriefen verwendeten Forderungen nach § 21 Satz 1 und § 26a Satz 1 sind zusätzlich anzugeben:

1.

die Verteilung mit den nennwertig als Deckung in Ansatz gebrachten Beträgen

a)

nach ihrer Höhe in Stufen bis zu 500 000 Euro, von mehr als 500 000 Euro bis zu 5 Millionen Euro und von mehr als 5 Millionen Euro,

b)

nach den Staaten, in denen die beliehenen Schiffe und Schiffsbauwerke registriert sind, jeweils getrennt nach Seeschiffen und Binnenschiffen, und

c)

nach den Staaten, in denen die beliehenen Flugzeuge registriert sind,

2.

der Gesamtbetrag der mindestens 90 Tage rückständigen Leistungen auf diese Forderungen sowie der Gesamtbetrag dieser Forderungen, soweit der jeweilige Rückstand mindestens 5 Prozent der Forderung beträgt, sowie

3.

ausschließlich im Anhang des Jahresabschlusses

a)

die Zahl der Verfahren zur Zwangsversteigerung von Schiffen, Schiffsbauwerken und Flugzeugen, die am Abschlussstichtag anhängig waren, sowie die Zahl der im Geschäftsjahr durchgeführten Zwangsversteigerungen,

b)

die Zahl der Fälle, in denen die Bank während des Geschäftsjahres Schiffe, Schiffsbauwerke oder Flugzeuge zur Verhütung von Verlusten an Schiffshypotheken, Registerpfandrechten oder ausländischen Flugzeughypotheken hat übernehmen müssen,

c)

der Gesamtbetrag der Rückstände auf die von Darlehensschuldnern zu entrichtenden Zinsen, soweit diese nicht bereits in den vorhergehenden Jahren abgeschrieben worden sind.

Die in Satz 1 Nummer 3 Buchstabe a bis c bezeichneten Angaben sind getrennt nach Seeschiffen und Binnenschiffen vorzunehmen.

(5) Für sämtliche Angaben nach den Absätzen 1 bis 4 ist jeweils auch der entsprechende Wert des Vorjahres anzugeben.

Fußnote

(+++ § 28: Zur Anwendung vgl. § 53 Satz 1 +++)

(+++ § 28 Abs. 1 bis 4: Zur Anwendung vgl. § 54 Satz 1 +++)

Abschnitt 5

Schutz vor Zwangsvollstreckung; Trennungsprinzip bei Insolvenz der Pfandbriefbank

§ 29 Schutz vor Zwangsvollstreckung, Arresten und Aufrechnung

Arreste und Zwangsvollstreckungen in alle in ein Deckungsregister eingetragenen Werte einschließlich der Werte im Sinne des § 30 Abs. 3 finden nur wegen der Ansprüche aus den jeweiligen Pfandbriefen und der Ansprüche aus den in das entsprechende Deckungsregister eingetragenen Derivategeschäften statt. § 394 des Bürgerlichen Gesetzbuchs ist entsprechend anzuwenden.

§ 30 Trennungsprinzip bei Insolvenz der Pfandbriefbank;

Sachwalterernennung

(1) Die in die Deckungsregister eingetragenen Werte einschließlich der Werte im Sinne des Absatzes 3 sowie die bei der Deutschen Bundesbank unterhaltene Mindestreserve, soweit sie auf Pfandbriefe entfällt, bilden vom allgemeinen Vermögen der Pfandbriefbank getrennte Vermögensmassen, die nicht in die Insolvenzmasse fallen, wenn über das Vermögen der Pfandbriefbank das Insolvenzverfahren eröffnet wird (insolvenzfreie Vermögen). Die Forderungen der Pfandbriefgläubiger werden von der Eröffnung des Insolvenzverfahrens über das Vermögen der Pfandbriefbank nicht berührt; das Recht der Pfandbriefgläubiger nach Absatz 6 Satz 4 bleibt gewahrt. Diese in den Sätzen 1 und 2 genannten Teile der Pfandbriefbank bestehen außerhalb des Insolvenzverfahrens für jede Pfandbriefgattung als Pfandbriefbank mit beschränkter Geschäftstätigkeit fort. Zweck der jeweiligen Pfandbriefbank mit beschränkter Geschäftstätigkeit ist die vollständige vertragsgemäße Erfüllung der Pfandbriefverbindlichkeiten und die hierzu notwendige ordnungsgemäße Verwaltung des insolvenzfreien Vermögens. Die Geschäftsführung der jeweiligen Pfandbriefbank mit beschränkter Geschäftstätigkeit steht dem nach § 31 Absatz 1 und 2 ernannten Sachwalter zu. Die jeweilige Pfandbriefbank mit beschränkter Geschäftstätigkeit haftet für die Pfandbriefverbindlichkeiten sowie für die Ansprüche nach Absatz 3 Satz 3 und 4 und den Absätzen 4 und 7 sowie für die aus Geschäften des Sachwalters entstehenden Verbindlichkeiten mit dem zugehörigen insolvenzfreien Vermögen.

(2) Im Fall des Absatzes 1 ist ein Sachwalter zu ernennen; für das Verfahren gilt § 31 Absatz 1 und 2. Mit der Ernennung geht das Recht, alle eingetragenen Werte einschließlich der Werte im Sinne des Absatzes 3 zu verwalten und über sie zu verfügen, auf den Sachwalter über. Hat die Pfandbriefbank nach der Ernennung des Sachwalters über einen im Deckungsregister eingetragenen Wert verfügt, so ist diese Verfügung unwirksam; die §§ 892 und 893 des Bürgerlichen Gesetzbuchs und die §§ 16 und 17 des Gesetzes über Rechte an eingetragenen Schiffen und Schiffsbauwerken sowie die §§ 16 und 17 des Gesetzes über Rechte an Luftfahrzeugen bleiben unberührt. Hat die Pfandbriefbank am Tag der Ernennung des Sachwalters verfügt, so wird vermutet, dass sie nach der Ernennung verfügt hat. Der Sachwalter darf mit Wirkung für die jeweilige Pfandbriefbank mit beschränkter Geschäftstätigkeit nach Absatz 1 Rechtsgeschäfte tätigen, soweit dies für die ordnungsgemäße Verwaltung der Deckungsmassen im Interesse der vollständigen *vertragsgemäßen* Erfüllung der Pfandbriefverbindlichkeiten erforderlich ist; insbesondere kann er liquide Mittel zur zeitgerechten Bedienung ausstehender Pfandbriefe beschaffen. Für diesen Geschäftskreis vertritt er die Pfandbriefbank gerichtlich und außergerichtlich. Der Sachwalter ist unter den in Satz 5 genannten Voraussetzungen auch berechtigt, sonstige Handlungen im Hinblick auf die Verwaltung der Deckungsmassen vorzunehmen, insbesondere ein neues Refinanzierungsregister im Sinne der §§ 22a bis 22o des Kreditwesengesetzes einzurichten und ein bestehendes Refinanzierungsregister der Pfandbriefbank zu nutzen. Die

Begrenzungen des § 19 Absatz 1 Nummer 2 bis 4, des § 20 Abs. 2 Nr. 2 und 3 und des § 26 Absatz 1 Nummer 3 bis 5 sowie des § 26f Absatz 1 Nummer 3 bis 5 gelten nicht.

(3) Die im Deckungsregister eingetragenen Werte unterliegen auch insoweit der Verwaltungs- und Verfügungsbefugnis des Sachwalters, als sie nach § 5 Absatz 1a nicht zur Deckung der Pfandbriefe der Pfandbriefbank bestimmt sind. Der Sachwalter hat insbesondere Forderungen entsprechend ihrer Fälligkeit einzuziehen und Hypotheken bei Verwertungsreife zu verwerten. Nach Abzug angemessener Verwaltungskosten führt er an die Gläubiger treuhänderisch gehaltener Werte im Sinne des § 5 Abs. 1a Satz 4 und 5 und im Übrigen an die Insolvenzmasse den Anteil ab, der bei getrennten Forderungen oder Einzelhypotheken auf die Anteile unter Berücksichtigung ihres Ranges entfallen würde. Die in Satz 3 genannten Gläubiger und der Insolvenzverwalter können jeweils rangwahrende Teilung von Forderungen oder Hypotheken verlangen; die Kosten tragen die Gläubiger oder, soweit der Insolvenzverwalter Teilung verlangt, die Insolvenzmasse.

(4) Der Insolvenzverwalter kann jederzeit verlangen, dass eingetragene Werte, die nicht treuhänderischer Verwaltung unterliegen und zur Deckung der jeweiligen Pfandbriefgattung einschließlich der sichernden Überdeckung offensichtlich nicht notwendig sein werden, vom Sachwalter der Insolvenzmasse zugeführt werden. Nach Befriedigung der Pfandbriefgläubiger und Deckung der Verwaltungskosten verbleibende Werte sind an die Insolvenzmasse

herauszugeben. Eine Anfechtung der Handlungen des Sachwalters durch den Insolvenzverwalter der Pfandbriefbank ist ausgeschlossen.

(5) Das nach § 31 Absatz 11 zuständige Gericht kann auf Antrag der Bundesanstalt schon vor der Eröffnung eines Insolvenzverfahrens über das Vermögen der Pfandbriefbank bei Vorliegen der Voraussetzungen des § 46 Absatz 1 des Kreditwesengesetzes einen Sachwalter ernennen. Für die Rechtsstellung dieses Sachwalters gelten die Vorschriften über den nach Absatz 2 Satz 1 ernannten Sachwalter entsprechend.

(6) Die Bundesanstalt kann entsprechend § 46 des Kreditwesengesetzes eigene Maßnahmen in Bezug auf einzelne Deckungsmassen treffen. Im Falle der Zahlungsunfähigkeit oder Überschuldung einer Deckungsmasse findet über das Vermögen der Pfandbriefbank mit beschränkter Geschäftstätigkeit ein gesondertes Insolvenzverfahren statt; der Antrag auf Eröffnung des Insolvenzverfahrens kann nur von der Bundesanstalt gestellt werden. Absatz 4 ist entsprechend anzuwenden. Im Insolvenzverfahren über das übrige Vermögen der Pfandbriefbank können die Pfandbriefgläubiger ihre Forderungen nur in Höhe des Ausfalls geltend machen; im Übrigen gelten die Vorschriften für absonderungsberechtigte Gläubiger, insbesondere § 52 Satz 1, § 190 Abs. 1 und 2 sowie § 192 der Insolvenzordnung entsprechend. Werte im Sinne des Absatzes 3, die zur Insolvenzmasse der Pfandbriefbank gehören, berechtigen im Insolvenzverfahren über das Vermögen der Pfandbriefbank mit beschränkter Geschäftstätigkeit zur Aussonderung nach § 47 der Insolvenzordnung. Sowohl der Sachwalter als auch der

Insolvenzverwalter in dem Insolvenzverfahren über das Vermögen der Pfandbriefbank mit beschränkter Geschäftstätigkeit sind berechtigt, die in Satz 4 genannten Forderungen der Pfandbriefgläubiger in dem Insolvenzverfahren über das Vermögen der Pfandbriefbank anzumelden. Das Recht der Pfandbriefgläubiger, die Anmeldung abzulehnen oder zurückzunehmen, bleibt unberührt.

(6a) Im Insolvenzverfahren über das Vermögen der Pfandbriefbank mit beschränkter Geschäftstätigkeit soll das Insolvenzgericht auf Antrag der Bundesanstalt die Eigenverwaltung durch den Sachwalter anordnen, es sei denn, es ist nach den Umständen zu erwarten, dass die Anordnung zu Nachteilen für die Gläubiger führen wird. Falls eine solche von der Bundesanstalt beantragte Anordnung dem einstimmigen Beschluss eines vorläufigen Gläubigerausschusses, sofern ein solcher vorhanden ist, widerspricht, entscheidet das Gericht nach pflichtgemäßem Ermessen auf der Grundlage der von der Bundesanstalt, dem Sachwalter und dem vorläufigen Gläubigerausschuss mitgeteilten Tatsachen. Im Verfahren der Eigenverwaltung bleibt der Sachwalter im Sinne des Absatzes 2 (Eigenverwalter) für die schuldnerische Pfandbriefbank mit beschränkter Geschäftstätigkeit geschäftsführungs- und vertretungsbefugt, soweit die Vorschriften der Insolvenzordnung diese Befugnisse nicht beschränken. Die Stellung des Beirats nach § 31 Absatz 6a bleibt unberührt. Vor der Bestellung des Sachwalters im Sinne des § 270c der Insolvenzordnung und des vorläufigen Sachwalters im Sinne des § 270a Absatz 1 Satz 2 der Insolvenzordnung ist die Bundesanstalt zu hören. Neben den gemäß §

272 Absatz 1 der Insolvenzordnung Antragsberechtigten ist auch die Bundesanstalt berechtigt, die Aufhebung der Anordnung der Eigenverwaltung zu beantragen. § 270 Absatz 2, § 270a Absatz 2 und die §§ 270b, 276a, 278 Absatz 1 der Insolvenzordnung gelten nicht.

(7) Gläubiger von Ansprüchen aus Derivategeschäften nach § 4 Abs. 3 stehen Pfandbriefgläubigern gleich.

Fußnote

§ 30 Abs. 2 Satz 5 Kursivdruck: IdF d. Art. 4 Nr. 12 Buchst. b G v. 10.12.2014 I 2091 mWv 1.1.2015 (abweichend vom Bundesgesetzblatt wurde an Stelle des Wortes „fristgerechte" das Wort „fristgerechten" durch das Wort „vertragsgemäßen" ersetzt)

§ 31 Ernennung des Sachwalters; Rechte und Pflichten

(1) Zuständig für die Ernennung des Sachwalters ist das gemäß Absatz 11 zuständige Gericht. Die Bundesanstalt schlägt dem Gericht mindestens eine geeignete natürliche Person zur Ernennung vor. Das Gericht darf die Ernennung einer vorgeschlagenen Person nur versagen, wenn die Person zur Übernahme des Amtes nicht geeignet ist; vor einer Versagung ist die Bundesanstalt anzuhören. Vor einer vom Vorschlag der Bundesanstalt abweichenden Ernennung ist die Bundesanstalt ebenfalls zu hören.

(2) Das zuständige Gericht kann auf Vorschlag der Bundesanstalt bis zu drei Sachwalter ernennen. Der Vorschlag der Bundesanstalt muss bei Benennung mehrerer Sachwalter eine Regelung der Geschäftsführungs- und Vertretungsbefugnisse enthalten; Absatz 1 Satz 4 gilt entsprechend. Ein Sachwalter kann gleichzeitig für mehrere Pfandbriefbanken mit beschränkter Geschäftstätigkeit ernannt werden.

Die Vorschriften dieses Gesetzes über den Sachwalter gelten für mehrere Sachwalter entsprechend.

(2a) Der Sachwalter steht unter der Aufsicht des für die Ernennung zuständigen Gerichts. Das Gericht kann insbesondere jederzeit einzelne Auskünfte oder einen Bericht über den Sachstand und die Geschäftsführung von ihm verlangen. Es kann den Sachwalter auf Antrag der Bundesanstalt abberufen, wenn ein wichtiger Grund vorliegt. Der Sachwalter tritt gegenüber der Bundesanstalt in die Pflichten ein, die von der Pfandbriefbank nach diesem Gesetz und dem Kreditwesengesetz im Zusammenhang mit der Verwaltung der Deckungswerte zu erfüllen sind.

(2b) Der Sachwalter erhält eine Urkunde über seine Ernennung, die er bei Beendigung seines Amtes dem Gericht zurückzugeben hat. Das Gericht hat die Ernennung und Abberufung des Sachwalters dem zuständigen Registergericht mitzuteilen und unverzüglich im Bundesanzeiger bekannt zu machen. Die Ernennung und Abberufung des Sachwalters ist von Amts wegen in das Handelsregister oder im Falle des § 33 Abs. 5 in das Genossenschaftsregister einzutragen. Die Eintragungen werden nicht bekannt gemacht. Die Vorschriften des § 15 des Handelsgesetzbuchs sind nicht anzuwenden.

(3) Die Ernennung des Sachwalters ist bei den im Register eingetragenen Hypotheken in das Grundbuch einzutragen, wenn nach Art des Rechts und nach den Umständen zu befürchten ist, dass ohne die Eintragung die Pfandbriefgläubiger benachteiligt würden. Die Eintragung ist vom Sachwalter beim Grundbuchamt zu beantragen. Werden Hypotheken, bei denen die Ernennung des Sachwalters

eingetragen worden ist, im Register gelöscht, so hat der Sachwalter beim Grundbuchamt die Löschung der Eintragung der Sachwalterernennung zu beantragen. Bei im Register eingetragenen Rechten an Schiffen tritt an die Stelle des Grundbuches das Schiffsregister, bei im Register eingetragenen Rechten an Schiffsbauwerken das Schiffsbauregister, an die Stelle des Grundbuchamtes tritt das Registergericht.

(4) (weggefallen)

(5) Der Sachwalter hat die Werthaltigkeit der einzelnen Deckungsmassen regelmäßig zu überwachen; § 4 Absatz 4 ist entsprechend anzuwenden. Die Bundesanstalt kann Sonderprüfungen anordnen. Die der Bundesanstalt dadurch entstehenden Kosten sind anteilig aus den in den Registern eingetragenen Werten zu tragen; maßgeblich ist das Verhältnis des Nennwertes der einzelnen Deckungsmasse zum Nennwert aller Deckungsmassen der Pfandbriefbank.

(6) Der Sachwalter hat bei seiner Geschäftsführung die Sorgfalt eines ordentlichen und gewissenhaften Geschäftsführers anzuwenden. Bei einer Pflichtverletzung ist er der Pfandbriefbank mit beschränkter Geschäftätigkeit zum Schadensersatz verpflichtet. Eine Pflichtverletzung liegt nicht vor, wenn der Sachwalter bei einer unternehmerischen Entscheidung vernünftigerweise annehmen durfte, auf der Grundlage angemessener Information zum Wohle der Pfandbriefgläubiger zu handeln.

(6a) Der Sachwalter kann einen Beirat mit bis zu fünf sachverständigen Mitgliedern berufen. Der Beirat berät den Sachwalter. Er gibt sich eine

Geschäftsordnung. Der Sachwalter kann die Mitglieder abberufen und neue Mitglieder berufen. Für die Vergütung und den Ersatz von Auslagen gilt § 31a Absatz 1 und 2 entsprechend. Das Bundesministerium der Finanzen wird ermächtigt, die Vergütung und die Erstattung der Auslagen der Beiratsmitglieder sowie das hierfür maßgebliche Verfahren durch Rechtsverordnung zu regeln, die nicht der Zustimmung des Bundesrates bedarf.

(7) Sachwalter und Insolvenzverwalter haben einander alle Informationen mitzuteilen, die für das Insolvenzverfahren der Pfandbriefbank oder die Verwaltung der Deckungswerte von Bedeutung sein können.

(8) Der Sachwalter ist berechtigt, zur Erfüllung seiner Aufgaben auf die personellen und sachlichen Mittel der Pfandbriefbank zurückzugreifen. Die dabei tatsächlich anfallenden Kosten hat er der Insolvenzmasse zu erstatten.

(9) Der Sachwalter darf personenbezogene Daten erheben und verwenden, soweit dies zur Erfüllung seiner Aufgaben erforderlich ist. § 203 des Strafgesetzbuchs steht einer Übertragung von Informationen, die zur Erfüllung seiner Aufgaben erforderlich ist, nicht entgegen.

(10) Die Bundesanstalt kann einen Sonderbeauftragten gemäß § 45c Absatz 1 Satz 1 des Kreditwesengesetzes bestellen mit der ausschließlichen Aufgabe, die Verwaltung der Deckungsmasse als Sachwalter vorzubereiten. Der Sonderbeauftragte darf keine geschäftsführenden oder beratenden Aufgaben wahrnehmen. Im Übrigen gilt § 45c Absatz 1 Satz 3 bis 5, Absatz 6 und 7 des Kreditwesengesetzes entsprechend. Die Bestellung zum

Sonderbeauftragten ist kein Grund zur Ablehnung der späteren Ernennung zum Sachwalter durch das zuständige Gericht, es sei denn, der Sonderbeauftragte hat entgegen den Sätzen 1 und 2 geschäftsführende oder beratende Aufgaben wahrgenommen.

(11) Für alle die Ernennung und Stellung des Sachwalters betreffenden gerichtlichen Entscheidungen richtet sich die Zuständigkeit nach den §§ 2 und 3 der Insolvenzordnung. Die Entscheidungen ergehen durch Beschluss. Für das Verfahren gelten die §§ 4, 5 Absatz 1 und 3 und § 6 Absatz 1 Satz 2 und Absatz 2 und 3 der Insolvenzordnung entsprechend. Gegen Entscheidungen des Gerichts steht der Bundesanstalt, dem Sachwalter sowie der Pfandbriefbank die sofortige Beschwerde zu; Halbsatz 1 gilt nicht in den Fällen des § 30 Absatz 6a.

§ 31a Vergütung des Sachwalters; Verordnungsermächtigung

(1) Der Sachwalter hat Anspruch auf Vergütung seiner Tätigkeit und Ersatz angemessener Auslagen. Der Regelsatz der Vergütung wird nach dem Wert der Deckungsmasse berechnet, soweit sich die Verwaltung durch den Sachwalter darauf erstreckt. Die Kosten der Verwaltung durch den Sachwalter einschließlich seiner Vergütung und der Erstattung seiner Auslagen sind aus dem Vermögen der Pfandbriefbank mit beschränkter Geschäftstätigkeit zu tragen.

(2) Das für die Ernennung zuständige Gericht setzt die Vergütung und die Auslagen auf Antrag des Sachwalters fest. Aus der rechtskräftigen Entscheidung findet die Zwangsvollstreckung nach der Zivilprozessordnung statt.

(3) Das Bundesministerium der Finanzen wird ermächtigt, die Vergütung und die Erstattung der Auslagen des Sachwalters sowie das hierfür maßgebliche Verfahren durch Rechtsverordnung zu regeln, die nicht der Zustimmung des Bundesrates bedarf.

§ 32 Übertragung der Deckungsmassen und -verbindlichkeiten

(1) Der Sachwalter kann mit schriftlicher Zustimmung der Bundesanstalt alle oder einen Teil der im Deckungsregister eingetragenen Werte einschließlich der Werte im Sinne des § 30 Abs. 3 und der Verbindlichkeiten aus Pfandbriefen als Gesamtheit nach den folgenden Vorschriften auf eine andere Pfandbriefbank übertragen.

(2) Der Übertragungsvertrag muss mindestens folgende Angaben enthalten:

1.

   die Firma und den Sitz der übertragenden und der übernehmenden Pfandbriefbank,

2.

   die Vereinbarung über die Übertragung der im Deckungsregister eingetragenen Werte und der Verbindlichkeiten aus Pfandbriefen als Gesamtheit und gegebenenfalls über eine Gegenleistung,

3.

   die genaue Bezeichnung der zu übertragenden Werte und Verbindlichkeiten aus Pfandbriefen.

(3) Soweit für die Übertragung von Gegenständen im Falle der Einzelrechtsnachfolge in den allgemeinen Vorschriften eine besondere Art der Bezeichnung bestimmt ist, sind diese Regelungen für die

Bezeichnung der zu übertragenden Werte und Verbindlichkeiten aus Pfandbriefen nach Absatz 2 Nr. 3 anzuwenden. § 28 der Grundbuchordnung sowie § 36 der Schiffsregisterordnung und § 87 des Gesetzes über Rechte an Luftfahrzeugen sind zu beachten. Im Übrigen kann auf Urkunden Bezug genommen werden, deren Inhalt eine Zuweisung des einzelnen Gegenstands ermöglicht; die Urkunden sind dem Übertragungsvertrag als Anlagen beizufügen.

(4) Der Übertragungsvertrag muss notariell beurkundet werden.

§ 33 Handelsregistereintragung

(1) Der Sachwalter und das Vertretungsorgan der übernehmenden Pfandbriefbank haben die Übertragung zur Eintragung in das Handelsregister des Sitzes der jeweiligen Pfandbriefbank anzumelden. Der Anmeldung sind der Übertragungsvertrag in Ausfertigung oder öffentlich beglaubigter Abschrift und die Zustimmungsurkunde der Bundesanstalt beizufügen.

(2) Die Übertragung darf in das Handelsregister des Sitzes der übertragenden Pfandbriefbank erst eingetragen werden, nachdem sie im Handelsregister des Sitzes der übernehmenden Pfandbriefbank eingetragen worden ist. Die Eintragung im Handelsregister des Sitzes der übernehmenden Pfandbriefbank ist mit dem Vermerk zu versehen, dass die Übertragung erst mit der Eintragung im Handelsregister des Sitzes der übertragenden Pfandbriefbank wirksam wird.

(3) Das Gericht des Sitzes der übertragenden Pfandbriefbank hat von Amts wegen dem Gericht des Sitzes der übernehmenden Pfandbriefbank den Tag der Eintragung der Übertragung mitzuteilen

und einen Auszug aus dem Handelsregister zu übersenden. Nach Eingang der Mitteilung hat das Gericht des Sitzes der übernehmenden Pfandbriefbank von Amts wegen den Tag der Eintragung der Übertragung im Handelsregister zu vermerken.

(4) Das Gericht des Sitzes jeder der an der Übertragung beteiligten Pfandbriefbanken hat jeweils die von ihr vorgenommene Eintragung der Übertragung von Amts wegen im Bundesanzeiger ihrem ganzen Inhalt nach bekannt zu machen.

(5) Sofern die Pfandbriefbank eine eingetragene Genossenschaft im Sinne des § 1 Abs. 1 des Genossenschaftsgesetzes ist, tritt bei Anwendung der Absätze 1 bis 4 an die Stelle des Handelsregisters das Genossenschaftsregister.

§ 34 Übergang von Deckungswerten und -verbindlichkeiten

(1) Bei Eintragung der Übertragung in das Handelsregister des Sitzes der übertragenden Pfandbriefbank gehen die im Übertragungsvertrag bezeichneten Werte und Pfandbriefverbindlichkeiten als Gesamtheit auf die übernehmende Pfandbriefbank über. Durch die Eintragung wird der Mangel der notariellen Beurkundung des Übertragungsvertrags geheilt. § 33 Abs. 5 gilt entsprechend. Für die übertragenen Pfandbriefverbindlichkeiten haften die übertragende Pfandbriefbank und die übernehmende Pfandbriefbank als Gesamtschuldner.

(2) Im Falle der Gewährung einer Gegenleistung gilt § 30 Absatz 4 Satz 1 und 2 entsprechend. § 30 Abs. 3 gilt mit der Maßgabe entsprechend, dass an die Stelle des Sachwalters die übernehmende Pfandbriefbank tritt.

§ 35 Treuhänderische Verwaltung

(1) Mit schriftlicher Zustimmung der Bundesanstalt kann der Sachwalter mit einer anderen Pfandbriefbank vereinbaren, dass die in den Deckungsregistern der insolventen Pfandbriefbank eingetragenen Werte einschließlich der Werte im Sinne des § 30 Abs. 3 ganz oder teilweise treuhänderisch durch den Sachwalter der insolventen Pfandbriefbank für die andere Pfandbriefbank verwaltet werden, soweit die andere Pfandbriefbank die Haftung für die gedeckten Verbindlichkeiten der insolventen Pfandbriefbank übernimmt. Der Vertrag bedarf der Schriftform. Die Werte und Pfandbriefverbindlichkeiten sind darin genau zu bezeichnen.

(2) Die im Sinne des Absatzes 1 treuhänderisch verwalteten Werte gelten im Verhältnis zwischen der anderen Pfandbriefbank und der insolventen Pfandbriefbank oder deren Gläubigern als Werte der anderen Pfandbriefbank, auch wenn sie nicht auf diese übertragen wurden.

(3) Der aus dem Treuhandverhältnis folgende Übertragungsanspruch ist in das entsprechende Register der anderen Pfandbriefbank einzutragen. Die im Vertrag im Sinne des Absatzes 1 bezeichneten und im Deckungsregister der insolventen Pfandbriefbank eingetragenen Werte gelten als im Register der anderen Pfandbriefbank eingetragen. Der Treuhänder der anderen Pfandbriefbank nimmt seine Aufgaben und Befugnisse insoweit gegenüber der insolventen Pfandbriefbank wahr. Die teilweise treuhänderische Verwaltung ist im jeweiligen Deckungsregister der insolventen Pfandbriefbank bei den einzelnen Deckungswerten zu vermerken.

(4) § 30 Abs. 3 gilt entsprechend.

§ 36 Teilweise Übertragung

Im Falle der teilweisen Übertragung der Deckungsmasse nach § 32 Abs. 1 muss der bei der insolventen Pfandbriefbank verbleibende Teil der entsprechenden Deckungsmasse den Vorschriften über die Pfandbriefdeckung genügen. Satz 1 gilt entsprechend für den Fall der teilweisen treuhänderischen Verwaltung der Deckungsmasse nach § 35 Abs. 1.

§ 36a Trennungsprinzip bei Reorganisation oder Restrukturierung der Pfandbriefbank

(1) Maßnahmen nach den Vorschriften des Kreditinstitute-Reorganisationsgesetzes finden keine Anwendung auf die Teile der Pfandbriefbank, die nach § 30 Absatz 1 Satz 3 im Falle einer Insolvenz als Pfandbriefbank mit beschränkter Geschäftstätigkeit fortbestehen würden. Wird ein Reorganisationsverfahren nach § 7 des Kreditinstitute-Reorganisationsgesetzes angeordnet, gelten für den Bereich des Pfandbriefgeschäfts die §§ 30 bis 36 entsprechend. Der Sachwalter soll die Bestimmungen des Reorganisationsplans bei Erfüllung seiner Pflichten und Ausübung seiner Rechte beachten, es sei denn, es droht entgegen §§ 30 bis 36 eine Benachteiligung der Pfandbriefgläubiger.

(2) Trifft die Abwicklungsbehörde bei einer Übertragung im Sinne des § 107 des Sanierungs- und Abwicklungsgesetzes Bestimmungen zur teilweisen oder vollständigen Übertragung des Pfandbriefgeschäfts, ist

die Übertragung abweichend von § 114 Absatz 2 des Sanierungs- und Abwicklungsgesetzes nach Maßgabe der §§ 30 bis 36 zu vollziehen. Der Sachwalter beachtet bei Erfüllung seiner Pflichten und Ausübung seiner Rechte die Bestimmungen der Anordnung im Sinne des Satzes 1. Die Anordnung im Sinne des Satzes 1 kann abweichend von Satz 1 auch den unmittelbaren Übergang der in den Deckungsregistern eingetragenen Werte einschließlich der Werte im Sinne des § 30 Absatz 3 und der zugehörigen Pfandbriefverbindlichkeiten anordnen. Im Fall des Satzes 3 gilt § 30 Absatz 3 mit der Maßgabe entsprechend, dass an die Stelle des Sachwalters die übernehmende Pfandbriefbank tritt und die Abführungspflicht gegenüber der übertragenden Pfandbriefbank unabhängig von ihrer Insolvenz besteht; ist die Gewährung einer Gegenleistung vorgesehen, gilt darüber hinaus § 30 Absatz 4 Satz 1 und 2 entsprechend. Sind im Deckungsregister

1.

Forderungen gegen Schuldner eingetragen, die ihren Sitz nicht in einem Mitgliedstaat der Europäischen Union oder einem anderen Vertragsstaat des Abkommens über den Europäischen Wirtschaftsraum haben, oder

2.

Sicherheiten an Grundstücken oder grundstücksgleichen Rechten, Schiffen oder Flugzeugen eingetragen, die ihrerseits außerhalb der Mitgliedstaaten der Europäischen Union oder der anderen Vertragsstaaten des Abkommens über den Europäischen Wirtschaftsraum belegen oder registriert sind, kann die Übertragung nach Satz 3 jedoch nur in der Weise erfolgen, dass die Abwicklungsbehörde die Rechtsfolge des § 35 Absatz 2 anordnet und zeitgleich einen Sachwalter von Amts wegen vorläufig bestellt, der die übertragenen Werte gemäß § 35 treuhänderisch für die übernehmende Pfandbriefbank verwaltet; Absatz 3 Satz 2 gilt entsprechend.

(3) Bei Einleitung des Reorganisationsverfahrens kann die Bundesanstalt oder bei Erlass der Anordnung im Sinne des Absatzes 2 Satz 1 die Abwicklungsbehörde den Sachwalter von Amts wegen vorläufig bestellen, sofern nicht ohnehin nach Absatz 2 Satz 5 eine vorläufige Bestellung erfolgen muss. Die gerichtliche Ernennung ist in allen Fällen unverzüglich nachzuholen; bei einer vorläufigen Bestellung des Sachwalters durch die Abwicklungsbehörde ist § 31 Absatz 1 und 2 entsprechend anzuwenden.

(4) Die Absätze 2 und 3 gelten entsprechend bei Anwendung eines Instrumentes nach den Artikeln 24 bis 26 der Verordnung (EU) Nr. 806/2014 des Europäischen Parlaments und des Rates vom 15. Juli 2014 zur Festlegung einheitlicher Vorschriften und eines einheitlichen Verfahrens für die Abwicklung von Kreditinstituten und bestimmten Wertpapierfirmen im Rahmen eines einheitlichen Abwicklungsmechanismus und eines einheitlichen Abwicklungsfonds sowie zur Änderung der Verordnung (EU) Nr. 1093/2010 (ABl. L 225 vom 30.7.2014, S. 1).

Abschnitt 6

Rechtsbehelfe und Zuwiderhandlungen

§ 37 Sofortige Vollziehbarkeit

Widerspruch und Anfechtungsklage gegen Maßnahmen der Bundesanstalt auf der Grundlage von § 2 Abs. 2 Nr. 1, § 3 Absatz 1 Satz 2 und 3, Absatz 2, § 4 Absatz 3a und 3b, § 7 Abs. 3 Satz 2, § 27a Absatz 1 Satz 2, § 32 Abs. 1, § 35 Abs. 1 Satz 1, § 36a Absatz 3 Satz 1 sowie § 42 Abs. 1 Satz 3 und Abs. 2 haben keine aufschiebende Wirkung.

§ 38 Strafvorschriften

Mit Freiheitsstrafe bis zu einem Jahr oder mit Geldstrafe wird bestraft, wer

1.

entgegen § 4 Abs. 7 Satz 1 Pfandbriefe in den Verkehr bringt,

2.

wissentlich entgegen § 4 Abs. 7 Satz 2 über einen dort genannten Wert verfügt oder

3.

entgegen § 5 Abs. 1 Satz 3 einen Ersatzwert nicht oder nicht rechtzeitig in das Deckungsregister einträgt.

§ 39 Bußgeldvorschriften

(1) Ordnungswidrig handelt, wer vorsätzlich oder fahrlässig entgegen § 4 Abs. 7 Satz 3 Pfandbriefe in den Verkehr bringt.

(2) Die Ordnungswidrigkeit kann mit einer Geldbuße bis zu einhunderttausend Euro geahndet werden.

§ 40 Verwaltungsbehörde

Verwaltungsbehörde im Sinne des § 36 Abs. 1 Nr. 1 des Gesetzes über Ordnungswidrigkeiten ist die Bundesanstalt für Finanzdienstleistungsaufsicht.

Abschnitt 7
Schlussvorschriften

§ 41 Bezeichnungsschutz

Schuldverschreibungen dürfen unter einer der in § 1 Abs. 1 Satz 2 Nr. 1 bis 4 genannten Bezeichnungen oder unter einer anderen Bezeichnung, die das Wort Pfandbrief enthält, nur in Verkehr gebracht werden

1.

   von Kreditinstituten, denen eine Erlaubnis zum Betreiben des Pfandbriefgeschäfts erteilt worden ist,

2.

   von Kreditinstituten im Sinne des Artikels 4 Absatz 1 Nummer 1 der Verordnung (EU) Nr. 575/2013 mit Sitz in einem anderen Mitgliedstaat der Europäischen Union oder einem anderen Vertragsstaat des Abkommens über den Europäischen Wirtschaftsraum auch ohne Erlaubnis durch die Bundesanstalt, wenn

a)

die Ausgabe von Schuldverschreibungen unter einer der oben genannten Bezeichnungen auch im Herkunftsstaat zulässigerweise betrieben wird,

b)

es sich um Schuldverschreibungen im Sinne des Artikels 52 Absatz 4 Unterabsatz 1 der Richtlinie 2009/65/EG des Europäischen Parlaments und des Rates vom 13. Juli 2009 zur Koordinierung der Rechts- und Verwaltungsvorschriften betreffend bestimmte Organismen für gemeinsame Anlagen in Wertpapieren (OGAW) (ABl. L 302 vom 17.11.2009, S. 32, L 269 vom 13.10.2010, S. 27) in der jeweils geltenden Fassung handelt und die Schuldverschreibungen in einer gemäß Artikel 52 Absatz 4 Unterabsatz 3 der vorgenannten Richtlinie vom Herkunftsstaat des Kreditinstituts an die Europäische Kommission übersandten Liste enthalten sind,

c)

bei den zur Deckung verwendeten Hypotheken, Schiffshypotheken und Registerpfandrechten oder ausländischen Flugzeughypotheken eine Grenze von 50 Prozent des Marktwertes oder 60 Prozent des Beleihungswertes entsprechend dem Artikel 4 Absatz 1 Nummer 74 der Verordnung (EU) Nr. 575/2013 nicht überschritten wird und

d)

bei der Bezeichnung der Schuldverschreibung in allen Prospekten, Berichten und Werbeschriften eine etwaige fremdsprachige Originalbezeichnung des Pfandbriefs angegeben wird und darauf hingewiesen wird, dass die Schuldverschreibung auf der Grundlage des jeweiligen ausländischen Rechts ausgegeben wird.

§ 42 Erlaubnis für bestehende Pfandbriefbanken

(1) Soweit ein Kreditinstitut vor dem 19. Juli 2005 zulässigerweise Pfandbriefe der in § 1 Abs. 1 Satz 2 Nr. 1 bis 3 genannten Gattungen begeben hat und auch noch zu Beginn des 19. Juli 2005 die Befugnis zur Ausgabe von Pfandbriefen besitzt, gilt die für das Betreiben des Pfandbriefgeschäfts nach § 2 Abs. 1 Satz 1 erforderliche Erlaubnis beschränkt auf die jeweilige Pfandbriefgattung als erteilt. Das Kreditinstitut hat vor Ablauf des 18. Oktober 2005 eine Anzeige einzureichen, die den inhaltlichen Anforderungen eines Erlaubnisantrages entspricht. Wird die Anzeige nicht fristgerecht eingereicht, kann die Bundesanstalt die als erteilt geltende Erlaubnis aufheben.

(2) Die Bundesanstalt kann die als erteilt geltende Erlaubnis auch aufheben, wenn die Voraussetzungen für eine Aufhebung nach § 35 Abs. 2 des Kreditwesengesetzes erfüllt sind oder wenn das Kreditinstitut, unbeschadet des Absatzes 3, die Anforderungen des § 2 Abs. 1 Satz 2 nicht erfüllt.

(3) Für die in Absatz 1 genannten Kreditinstitute findet § 2 Abs. 1 Satz 2 Nr. 1 bis zum 31. Dezember 2008 keine Anwendung. Die in Satz 1

genannte Befristung ist nicht anzuwenden auf das Ritterschaftliche Kreditinstitut Stade und den Calenberg-Göttingen-Grubenhagen-Hildesheim`schen ritterschaftlichen Kreditverein.

§ 43 Erlaubnis für Hypothekenbanken

Für die bei Ablauf des 18. Juli 2005 zugelassenen Hypothekenbanken im Sinne des § 1 des Hypothekenbankgesetzes gilt die Erlaubnis für die in § 1 Abs. 1 Satz 2 Nr. 1 bis 5 und 7 bis 10 des Kreditwesengesetzes bezeichneten Bankgeschäfte nach § 32 des Kreditwesengesetzes als erteilt. Die in § 35 Abs. 1 des Kreditwesengesetzes genannte Frist beginnt am 19. Juli 2005.

§ 44 Erlaubnis für Schiffspfandbriefbanken

Für die bei Ablauf des 18. Juli 2005 zugelassenen Schiffspfandbriefbanken im Sinne des § 1 des Schiffsbankgesetzes gilt die Erlaubnis für die in § 1 Abs. 1 Satz 2 Nr. 1 bis 5 und 7 bis 10 des Kreditwesengesetzes bezeichneten Bankgeschäfte nach § 32 des Kreditwesengesetzes als erteilt. Die in § 35 Abs. 1 des Kreditwesengesetzes genannte Frist beginnt am 19. Juli 2005.

§ 45 Versicherungspflicht

Hypotheken, die den Pfandbriefbanken zu Beginn des 19. Juli 2005 zustehen, sind zur Deckung der von ihnen ausgegebenen Hypothekenpfandbriefe nicht aus dem Grunde ungeeignet, weil das aufstehende Gebäude nicht nach Maßgabe des § 15 Satz 3 Nummer 1 versichert ist. Durch Schiffshypotheken gesicherte Darlehensforderungen, die den Pfandbriefbanken zu Beginn des 19.

Juli 2005 zustehen, sind zur Deckung der von ihnen ausgegebenen Schiffspfandbriefe nicht aus dem Grunde ungeeignet, weil das Schiff oder Schiffsbauwerk nicht in Höhe der Versicherungspflicht nach Maßgabe des § 23 Abs. 1 Satz 1 versichert ist.

§ 46 Beleihungsgrenze

(1) Hypotheken, die vor dem 13. Oktober 2004 in ein bei der Pfandbriefbank geführtes Deckungsregister für Hypothekenpfandbriefe eingetragen worden sind, dürfen, soweit sie nicht den Erfordernissen des § 16 Abs. 1 bis 3 entsprechen, abweichend von § 14 Abs. 1 bis zum 30. Juni 2006 in Höhe von 50 Prozent des von der Pfandbriefbank auf Grund einer vor dem 13. Oktober durchgeführten Wertermittlung festgesetzten Wertes zur Deckung von Hypothekenpfandbriefen benutzt werden.

(2) Im Falle des Absatzes 1 sind § 14 Abs. 2 und § 30 Abs. 3 Satz 4 mit der Maßgabe anzuwenden, dass statt der in § 14 Abs. 1 festgelegten Beleihungsgrenze die Grenze nach Absatz 1 maßgeblich ist.

§ 47 Vorrecht der Schiffspfandbriefgläubiger

Bis zum Ablauf des 18. Juli 2009 unterliegt eine Pfandbriefbank, die vor dem 19. Juli 2005 Schiffspfandbriefe nach § 1 Nr. 1 des Schiffsbankgesetzes begeben hat, nicht der Grenze des § 22 Abs. 5 Satz 2. Die Pfandbriefbank hat jedoch sicherzustellen, dass der Gesamtbetrag der Beleihungen, bei denen nicht sichergestellt ist, dass sich das Vorrecht der Schiffspfandbriefgläubiger nach § 30 Abs. 1 auf die Forderungen der Pfandbriefgläubiger aus diesen Beleihungen erstreckt, bis zum Ablauf des 18. Juli 2007 50 Prozent des Gesamtbetrages der Forderungen, bei denen das Vorrecht sichergestellt ist, nicht übersteigt.

§ 48 Schiffspfandbriefe in ausländischer Währung

Auf die von einer Schiffspfandbriefbank im Sinne des § 1 des Schiffsbankgesetzes vor dem 19. Juli 2005 nach § 37 des Schiffsbankgesetzes ausgegebenen Schiffspfandbriefe sind die vor dem 19. Juli 2005 geltenden Vorschriften des Schiffsbankgesetzes weiter anzuwenden.

§ 49 Fortgeltende Deckungsfähigkeit

(1) Abweichend von § 20 Absatz 1 Nummer 1 Buchstabe a sind Forderungen gegen solche Kreditinstitute, die in der Rechtsform einer Körperschaft oder Anstalt des öffentlichen Rechts geführt werden, weiterhin unbeschränkt deckungsfähig, wenn die Forderungen bereits am 18. Juli 2001 bestanden. Forderungen gegen die genannten Kreditinstitute sind auch deckungsfähig, wenn die Forderungen nach dem 18. Juli 2001 und vor dem 19. Juli 2005 vereinbart worden sind und ihre Laufzeit nicht über den 31. Dezember 2015 hinausgeht.

(2) Abweichend von § 20 Absatz 1 Nummer 1 Buchstabe d, e und h in der ab dem 26. März 2009 geltenden Fassung sind Forderungen gegen die dort genannten Schuldner oder Gewährleistungsgeber, welche der Bonitätsstufe 2 nach Tabelle 1 des Artikels 114 Absatz 2, Tabelle 5 des Artikels 121 Absatz 1, Tabelle 2 des Artikels 116 Absatz 1 oder Tabelle 3 des Artikels 120 Absatz 1 der Verordnung (EU) Nr.

575/2013 zugeordnet worden sind, weiterhin deckungsfähig, sofern die Forderungen vor dem 26. März 2009 in das Deckungsregister eingetragen worden sind. Der Gesamtbetrag der Forderungen gegen Schuldner der Bonitätsstufe 2 darf höchstens einen Anteil von 20 Prozent der ausstehenden Pfandbriefe der jeweiligen Pfandbriefgattung betragen; die von § 20 Absatz 1 Nummer 3 in der ab dem 26. März 2009 geltenden Fassung umfassten Deckungswerte sind anzurechnen.

§ 50 Fortgeltung bisherigen Rechts

(1) Im Falle des § 2 Abs. 3 gelten für öffentlich-rechtliche Kreditanstalten hinsichtlich der von ihnen nach den Vorschriften des Gesetzes über die Pfandbriefe und verwandten Schuldverschreibungen öffentlich-rechtlicher Kreditanstalten abgeschlossenen Geschäfte und der ausschließlich zur Deckung dieser Geschäfte geführten Deckungsregister das vorgenannte Gesetz und die zu dessen Durchführung erlassenen Rechtsverordnungen jeweils in der vor dem 19. Juli 2005 geltenden Fassung mit der Maßgabe fort, dass Forderungen gegen inländische öffentlich-rechtliche Kreditinstitute nur so weit zur ordentlichen Deckung geeignet sind, als für die Kreditinstitute eine unbeschränkte Anstaltslast oder als für die entsprechenden Verbindlichkeiten der Kreditinstitute eine Gewährträgerhaftung oder Refinanzierungsgarantie gilt.

(2) Im Falle des § 2 Abs. 3 gelten für Hypothekenbanken hinsichtlich der von ihnen nach den Vorschriften des Hypothekenbankgesetzes abgeschlossenen Geschäfte und der ausschließlich zur Deckung

dieser Geschäfte geführten Deckungsregister das Hypothekenbankgesetz und die zu dessen Durchführung erlassenen Rechtsverordnungen jeweils in der vor dem 19. Juli 2005 geltenden Fassung mit der Maßgabe fort, dass Forderungen gegen inländische öffentlich-rechtliche Kreditinstitute nur so weit zur ordentlichen Deckung geeignet sind, als für die Kreditinstitute eine unbeschränkte Anstaltslast oder als für die entsprechenden Verbindlichkeiten der Kreditinstitute eine Gewährträgerhaftung oder Refinanzierungsgarantie gilt.

(3) Im Falle des § 2 Abs. 3 gelten für Schiffsbanken hinsichtlich der von ihnen nach den Vorschriften des Schiffsbankgesetzes abgeschlossenen Geschäfte und der ausschließlich zur Deckung dieser Geschäfte geführten Deckungsregister das Schiffsbankgesetz und die zu dessen Durchführung erlassenen Rechtsverordnungen jeweils in der vor dem 19. Juli 2005 geltenden Fassung mit der Maßgabe fort, dass Forderungen gegen inländische öffentlich-rechtliche Kreditinstitute nur so weit zur ordentlichen Deckung geeignet sind, als für die Kreditinstitute eine unbeschränkte Anstaltslast oder als für die entsprechenden Verbindlichkeiten der Kreditinstitute eine Gewährträgerhaftung oder Refinanzierungsgarantie gilt.

(4) Im Falle der Umwandlung einer öffentlich-rechtlichen Kreditanstalt in einer in § 1 Abs. 1 des Umwandlungsgesetzes genannten Weise gilt Absatz 1 hinsichtlich der von der Kreditanstalt vor Wirksamwerden der Umwandlung abgeschlossenen Geschäfte für den fortbestehenden Rechtsträger nach Rechtsformwechsel oder für einen Rechtsträger, auf den im Zuge der Umwandlung das Vermögen der Kreditanstalt als

Ganzes oder in Teilen übertragen worden ist, auch dann, wenn es sich bei dem Rechtsträger um ein Unternehmen in einer Rechtsform des Privatrechts handelt.

§ 51 Getrennter Pfandbriefumlauf

Abweichend von § 4 Abs. 1 bis 2 kann eine Pfandbriefbank die von ihr vor Inkrafttreten dieses Gesetzes begebenen Pfandbriefe weiter nach den bis zum Inkrafttreten dieses Gesetzes geltenden Vorschriften decken, wenn die Pfandbriefbank diese Absicht bis spätestens zum 18. Juli 2005 bei der Bundesanstalt angezeigt hat. Bei der Anzeigefrist handelt es sich um eine Ausschlussfrist. In diesem Falle ist das bisherige Deckungsregister getrennt von demjenigen nach § 5 Abs. 1 Satz 1 zu führen. Forderungen gegen inländische öffentlich-rechtliche Kreditinstitute sind nur soweit zur ordentlichen Deckung geeignet, als für die Kreditinstitute eine unbeschränkte Anstaltslast oder als für die entsprechenden Verbindlichkeiten der Kreditinstitute eine Gewährträgerhaftung oder Refinanzierungsgarantie gilt. Die Vorschriften der §§ 8, 9, 10, 27 und 28 sind hinsichtlich des bisherigen Deckungsregisters nicht anzuwenden.

§ 52 Fortgeltende Bestimmungen des Gesetzes zur Änderung und Ergänzung des Schiffsbankgesetzes

(1) Wird für eine Forderung, die in ausländischer Währung zu zahlen ist, eine Schiffshypothek in das Schiffsregister eingetragen, so kann der Geldbetrag der Forderung und etwaiger Nebenleistungen oder der Höchstbetrag, bis zu dem das Schiff haften soll, in ausländischer

Währung angegeben werden. Dasselbe gilt für die Eintragung einer Schiffshypothek in das Schiffsbauregister.

(2) Die durch Artikel 4 Abs. 1 des Gesetzes zur Änderung und Ergänzung des Schiffsbankgesetzes in der im Bundesgesetzblatt Teil III, Gliederungsnummer 7628-2-1, veröffentlichten bereinigten Fassung mit der Maßgabe aufgehobenen Vorschriften, dass sie, soweit sie noch in Geltung sind, auf Rechte anwendbar bleiben, die vor Inkrafttreten des bezeichneten Gesetzes in ausländischer Währung eingetragen waren, bleiben für den durch die Maßgabe bezeichneten Umfang und Anwendungsbereich unverändert anwendbar.

§ 53 Übergangsvorschrift zum CRD IV-Umsetzungsgesetz

§ 28 Absatz 1 bis 3 dieses Gesetzes in der ab dem 1. Januar 2014 geltenden Fassung ist erstmals auf das am 1. April 2014 beginnende Quartal, bei Anwendung des § 28 Absatz 5 erstmals auf das am 1. April 2015 beginnende Quartal, anzuwenden. § 28 Absatz 1 bis 3 in der bis zum 31. Dezember 2013 geltenden Fassung ist letztmalig auf das am 31. März 2014 endende Quartal und § 28 Absatz 5 in der bis zum 31. Dezember 2013 geltenden Fassung ist in Bezug auf § 28 Absatz 1 Satz 1 Nummer 1 und 3, Absatz 2 Satz 1 Nummer 3 und Satz 2, Absatz 3 Nummer 1 und Absatz 4 in der bis zum 31. Dezember 2013 geltenden Fassung letztmalig auf das am 31. März 2015 endende Quartal anzuwenden.

§ 54 Übergangsvorschrift zum BRRD-Umsetzungsgesetz

§ 28 Absatz 1 bis 4 dieses Gesetzes in der ab dem 19. Dezember 2014 geltenden Fassung ist erstmals auf das am 1. April 2015 beginnende Quartal, bei Anwendung des § 28 Absatz 5 erstmals auf das am 1. April 2016 beginnende Quartal, anzuwenden. § 28 Absatz 1 bis 4 in der bis zum 18. Dezember 2014 geltenden Fassung ist letztmalig auf das am 31. März 2015 endende Quartal und § 28 Absatz 5 ist in Bezug auf § 28 Absatz 1 Satz 1 Nummer 5 und 6, Absatz 2 Satz 1 Nummer 3, Absatz 3 Nummer 1 und 2 letzter Satzteil sowie auf Absatz 4 Nummer 2 in der bis zum 18. Dezember 2014 geltenden Fassung letztmalig auf das am 31. März 2016 endende Quartal anzuwenden. § 27a Absatz 1 ist erst mit Inkrafttreten der Rechtsverordnung nach § 27a Absatz 2 Satz 1 anzuwenden.

Verordnung über die Ermittlung der Beleihungswerte von Grundstücken nach § 16 Abs. 1 und 2 des Pfandbriefgesetzes

Beleihungswertermittlungsverordnung - BelWertV

BelWertV

Ausfertigungsdatum: 12.05.2006

"Beleihungswertermittlungsverordnung vom 12. Mai 2006 (BGBl. I S. 1175), die durch Artikel 1 der Verordnung vom 16. September 2009 (BGBl. I S. 3041) geändert worden ist". Geändert durch Art. 1 V v. 16.9.2009 I 3041

Fußnote

(+++ Textnachweis ab: 1.8.2006 +++)

Eingangsformel

Auf Grund des § 16 Abs. 4 Satz 1 bis 3 des Pfandbriefgesetzes vom 22. Mai 2005 (BGBl. I S. 1373) in Verbindung mit § 1 Nr. 4 der Verordnung zur Übertragung von Befugnissen zum Erlass von Rechtsverordnungen auf die Bundesanstalt für Finanzdienstleistungsaufsicht vom 13. Dezember 2002 (BGBl. 2003 I S. 3), § 1 Nr. 4 zuletzt geändert durch Artikel 7 Nr. 1 des Gesetzes vom 22. Juni 2005 (BGBl. I S. 1698), verordnet die Bundesanstalt für Finanzdienstleistungsaufsicht im Einvernehmen mit dem

Bundesministerium der Justiz nach Anhörung der Spitzenverbände der Kreditwirtschaft:

Teil 1
Allgemeine Bestimmungen und Verfahrensgrundsätze

§ 1 Anwendungsbereich

Bei der Ermittlung der Beleihungswerte nach § 16 Abs. 1 und 2 des Pfandbriefgesetzes und bei der Erhebung der für die Wertermittlung erforderlichen Daten sind die Vorschriften dieser Verordnung anzuwenden.

§ 2 Gegenstand der Wertermittlung

Gegenstand der Beleihungswertermittlung ist das Grundstück, grundstücksgleiche Recht oder vergleichbare Recht einer ausländischen Rechtsordnung, das mit dem Grundpfandrecht belastet ist oder belastet werden soll.

§ 3 Grundsatz der Beleihungswertermittlung

(1) Der Wert, der der Beleihung zugrunde gelegt wird (Beleihungswert), ist der Wert der Immobilie, der erfahrungsgemäß unabhängig von vorübergehenden, etwa konjunkturell bedingten Wertschwankungen am maßgeblichen Grundstücksmarkt und unter Ausschaltung von spekulativen Elementen während der gesamten Dauer der Beleihung bei einer Veräußerung voraussichtlich erzielt werden kann.

(2) Zur Ermittlung des Beleihungswerts ist die zukünftige Verkäuflichkeit der Immobilie unter Berücksichtigung der langfristigen,

nachhaltigen Merkmale des Objekts, der normalen regionalen Marktgegebenheiten sowie der derzeitigen und möglichen anderweitigen Nutzungen im Rahmen einer vorsichtigen Bewertung zugrunde zu legen.

§ 4 Verfahren zur Ermittlung des Beleihungswerts

(1) Zur Ermittlung des Beleihungswerts sind der Ertragswert (§§ 8 bis 13) und der Sachwert (§§ 14 bis 18) des Beleihungsobjekts getrennt zu ermitteln. Der Beleihungswert ist unter Berücksichtigung dieser Werte nach Maßgabe der Absätze 2 bis 6 abzuleiten. Das zu bewertende Objekt ist im Rahmen der Wertermittlung zu besichtigen.

(2) Bei Wohnungs- und Teileigentum ist ergänzend das Vergleichswertverfahren nach § 19 durchzuführen und der Vergleichswert als Kontrollwert bei der Ermittlung des Beleihungswerts zu berücksichtigen. Bei Eigentumswohnungen und einzelnen, in sich selbständigen gewerblich genutzten Einheiten kann in diesen Fällen eine Ermittlung des Sachwerts entfallen.

(3) Maßgeblich für die Ermittlung des Beleihungswerts ist regelmäßig der Ertragswert, der nicht überschritten werden darf. Bleibt in diesen Fällen der Sachwert oder der Vergleichswert des Beleihungsobjekts um mehr als 20 Prozent hinter dem Ertragswert zurück, bedarf es einer besonderen Überprüfung der Nachhaltigkeit der zugrunde gelegten Erträge und ihrer Kapitalisierung. Bestätigt sich hierbei der anfangs ermittelte Ertragswert, bedarf das Ergebnis der Überprüfung einer nachvollziehbaren Begründung, andernfalls ist der Ertragswert entsprechend zu mindern.

(4) Bei Ein- und Zweifamilienhäusern sowie Eigentumswohnungen kann der Beleihungswert am Sachwert orientiert werden und eine Ertragswertermittlung entfallen, wenn das zu bewertende Objekt nach Zuschnitt, Ausstattungsqualität und Lage zweifelsfrei zur Eigennutzung geeignet ist und bei gewöhnlicher Marktentwicklung nach den Umständen des Einzelfalls vorausgesetzt werden kann, dass das Objekt von potenziellen Erwerbern für die eigene Nutzung dauerhaft nachgefragt wird. Der Beleihungswert kann in diesen Fällen auch an einem nach § 19 ermittelten Vergleichswert orientiert werden; neben der Ertragswertermittlung kann hierbei auch die Sachwertermittlung entfallen. Bei Ein- und Zweifamilienhäusern darf eine Orientierung am Vergleichswert jedoch nur dann erfolgen, wenn der Ermittlung aktuelle Vergleichspreise von mindestens fünf Objekten zugrunde liegen, die auch hinsichtlich der Größe der Wohnfläche mit dem zu bewertenden Objekt hinreichend übereinstimmen.

(5) Ein zum Zeitpunkt der Bewertung erkennbarer Instandhaltungsrückstau oder sonstiger baulicher Aufwand sowie Baumängel und Bauschäden sind auf der Grundlage der für ihre Beseitigung am Wertermittlungsstichtag erforderlichen Aufwendungen oder nach Erfahrungssätzen als gesonderter Wertabschlag zu berücksichtigen. Der Beleihungswert ist entsprechend anzupassen.

(6) Bei im Bau befindlichen Objekten ist der Beleihungswert der Zustandswert. Dieser ist die Summe aus dem Bodenwert (§ 15) und dem anteiligen Wert der baulichen Anlage. Der anteilige Wert der baulichen Anlage errechnet sich aus dem Wert der baulichen Anlage des fertig gestellten Objekts (§ 16) und dem erreichten Bautenstand.

Der in Ansatz gebrachte Bautenstand ist von einer von der Pfandbriefbank auszuwählenden, fachkundigen, von Bauplanung und -ausführung unabhängigen Person festzustellen; § 7 Abs. 1 Satz 1 gilt entsprechend. In den Fällen, in denen der Ertragswert des planmäßig fertig gestellten Objekts unter dessen Sachwert liegt, darf der Zustandswert den anteiligen Ertragswert, der prozentual dem jeweiligen Bautenstand entspricht, nicht überschreiten.

Teil 2

Gutachten und Gutachter

§ 5 Gutachten

(1) Der Beleihungswert ist mittels eines Gutachtens zu ermitteln.

(2) Das Gutachten muss durch einen oder mehrere Gutachter erstellt werden, die von der Pfandbriefbank allgemein oder von Fall zu Fall bestimmt werden. In besonderen Fällen, etwa im Rahmen von Kooperationen oder bei Portfoliokäufen, können für andere Kreditinstitute oder Versicherungsunternehmen erstellte Gutachten zugrunde gelegt werden, wenn

1.

diese Gutachten den Bestimmungen dieser Verordnung entsprechen,

2.

ein nicht mit der Kreditentscheidung befasster, fachkundiger Mitarbeiter der Pfandbriefbank eine Plausibilitätsprüfung, auch im

Hinblick auf die einzelnen angesetzten Bewertungsparameter, durchführt und

3.

das Ergebnis der Plausibilitätsprüfung dokumentiert wird. Gutachten, die vom Darlehensnehmer vorgelegt oder in Auftrag gegeben worden sind, dürfen nicht zugrunde gelegt werden.

(3) Das Gutachten muss zur Objekt- und Standortqualität, zum regionalen Immobilienmarkt, zu den rechtlichen und tatsächlichen Objekteigenschaften und zur Beleihungsfähigkeit des Objekts, seiner Verwertbarkeit und Vermietbarkeit Stellung nehmen. Das Gutachten hat sich auch damit auseinander zu setzen, ob für die begutachtete Immobilie ein genügend großer potenzieller Käufer- und Nutzerkreis besteht und somit die nachhaltige Ertragsfähigkeit der Immobilie anhand ihrer vielseitigen Verwendbarkeit und ihrer ausreichenden Nutzbarkeit durch Dritte gewährleistet ist; ein im Zeitablauf zu erwartender Wertverlust ist darzustellen und insbesondere bei der Bemessung des Modernisierungsrisikos (§ 11 Abs. 7) und der Restnutzungsdauer (§ 12 Abs. 2) zu berücksichtigen. Die wesentlichen Bewertungsparameter und getroffenen Annahmen sind nachvollziehbar darzulegen und zu begründen.

(4) Alle den Sachwert oder den Ertragswert beeinflussenden Umstände, insbesondere auch etwaige Nutzungsbeschränkungen, Dienstbarkeiten, Duldungspflichten, Vorkaufsrechte, Baulasten und alle sonstigen Beschränkungen und Lasten sind zu nennen, zu beachten und gegebenenfalls wertmindernd zu berücksichtigen.

§ 6 Gutachter

Der Gutachter muss nach seiner Ausbildung und beruflichen Tätigkeit über besondere Kenntnisse und Erfahrungen auf dem Gebiet der Bewertung von Immobilien verfügen; eine entsprechende Qualifikation wird bei Personen, die von einer staatlichen, staatlich anerkannten oder nach DIN EN ISO/IEC 17024 akkreditierten Stelle als Sachverständige oder Gutachter für die Wertermittlung von Immobilien bestellt oder zertifiziert worden sind, vermutet. Bei der Auswahl des Gutachters hat sich die Pfandbriefbank davon zu überzeugen, dass der Gutachter neben langjähriger Berufserfahrung in der Wertermittlung von Immobilien speziell über die zur Erstellung von Beleihungswertgutachten notwendigen Kenntnisse, insbesondere bezüglich des jeweiligen Immobilienmarkts und der Objektart, verfügt.

§ 7 Unabhängigkeit des Gutachters

(1) Der Gutachter muss sowohl vom Kreditakquisitions- und Kreditentscheidungsprozess als auch von Objektvermittlung, -verkauf und -vermietung unabhängig sein. Er darf nicht in einem verwandtschaftlichen, einem sonstigen rechtlichen oder einem wirtschaftlichen Verhältnis zum Darlehensnehmer stehen und darf kein eigenes Interesse am Ergebnis des Gutachtens haben. Der Gutachter darf auch nicht den Beleihungswert festsetzen oder den Kredit bearbeiten.

(2) Gutachten von bei der Pfandbriefbank angestellten Gutachtern dürfen nur dann der Beleihungswertermittlung zugrunde gelegt werden, wenn im Rahmen der Aufbauorganisation der Pfandbriefbank

die betreffenden Gutachter nur der Geschäftsleitung verantwortlich sind oder ausschließlich Teil einer Gutachtereinheit sind, die unmittelbar der Geschäftsleitung unterstellt ist, oder Teil einer alle betreffenden Gutachter zusammenfassenden Einheit und auch im Übrigen bis einschließlich der Ebene der Geschäftsleitung nicht einem Bereich der Pfandbriefbank zugeordnet sind, in dem Immobilienkreditgeschäfte entweder angebahnt oder zum Gegenstand des einzigen Votums gemacht werden.

Teil 3

Wertermittlungsverfahren

Abschnitt 1

Ertragswertverfahren

§ 8 Grundlagen der Ertragswertermittlung

(1) Für das Ertragswertverfahren ist der Ertragswert der baulichen Anlage, getrennt von dem Bodenwert, nach den §§ 9 bis 12 zu ermitteln.

(2) Der Bodenwert ist nach § 15 zu ermitteln.

(3) Bodenwert und Ertragswert der baulichen Anlage ergeben vorbehaltlich § 13 den Ertragswert des Beleihungsobjekts.

§ 9 Ermittlung des Ertragswerts der baulichen Anlage

(1) Bei der Ermittlung des Ertragswerts der baulichen Anlage ist vom nachhaltig erzielbaren jährlichen Reinertrag auszugehen. Der

Reinertrag ergibt sich aus dem Rohertrag (§ 10) abzüglich der Bewirtschaftungskosten (§ 11).

(2) Der Reinertrag ist um den Betrag zu vermindern, der sich durch angemessene Verzinsung des Bodenwerts ergibt. Der Verzinsung ist der für die Kapitalisierung nach § 12 maßgebende Kapitalisierungszinssatz zugrunde zu legen. Ist das Grundstück wesentlich größer als es einer der baulichen Anlage angemessenen Nutzung entspricht und ist eine zusätzliche Nutzung oder Verwertung einer Teilfläche zulässig und möglich, ist bei der Berechnung des Verzinsungsbetrags der Bodenwert dieser Teilfläche nicht anzusetzen. In der Wertermittlung ist die zusätzliche Nutzung und Verwertung dieser Teilfläche auch in baurechtlicher Hinsicht nachvollziehbar darzulegen.

(3) Der nach Absatz 2 verminderte Reinertrag ist nach § 12 zu kapitalisieren.

§ 10 Rohertrag

(1) Bei der Ermittlung des Rohertrags darf nur der Ertrag berücksichtigt werden, den das Objekt bei ordnungsgemäßer Bewirtschaftung und zulässiger Nutzung jedem Eigentümer nachhaltig gewähren kann. Liegt die nachhaltige Miete über der vertraglich vereinbarten Miete, ist im Regelfall die vertraglich vereinbarte Miete anzusetzen. Die Mietfläche entspricht der vermietbaren Wohnfläche bei wohnwirtschaftlicher Nutzung oder der dauerhaft vermietbaren Nutzfläche bei gewerblicher Nutzung. Bei verschiedenen Nutzungsarten sind die anteiligen Erträge getrennt darzustellen.

Umlagen, die vom Mieter oder Pächter zur Deckung von Betriebskosten zu zahlen sind, sind nicht zu berücksichtigen.

(2) Im Falle von Hotel-, Klinik-, Pflegeheim- oder einer vergleichbaren Nutzung sind die daraus resultierenden Roherträge nach Absatz 1 auf der Basis vorsichtig angenommener, durchschnittlich erzielbarer Umsätze pro Zimmer oder Bett herzuleiten.

(3) Bestehen strukturelle oder lang andauernde Leerstände, ist besonders zu prüfen, ob aufgrund der jeweiligen Marktlage eine Vermietung überhaupt oder zu den angesetzten Mietpreisen in absehbarer Zeit noch zu erwarten ist.

§ 11 Bewirtschaftungskosten

(1) Der nach § 10 ermittelte Rohertrag ist um die üblicherweise beim Vermieter verbleibenden Bewirtschaftungskosten zu kürzen. Dafür sind ertragsmindernde, aus langfristiger Markterfahrung gewonnene Einzelkostenansätze für Verwaltungskosten, Instandhaltungskosten, das Mietausfallwagnis und gegebenenfalls weitere nicht durch Umlagen gedeckte Betriebskosten anzusetzen sowie objektartenspezifisch ein Modernisierungsrisiko nach Absatz 7 zu berücksichtigen.

(2) Die Einzelkostenansätze haben sich innerhalb der nach Anlage 1 zulässigen Bandbreiten zu bewegen, sofern nicht die besonderen Umstände des Einzelfalls einen höheren Ansatz erfordern. Ein erkennbares, akutes Mietausfallwagnis, welches über dem angesetzten Erfahrungssatz liegt, ist als gesonderter Wertabschlag in Höhe des erwarteten Ausfalls anzusetzen. Die Mindesthöhe für den

Bewirtschaftungskostenabzug insgesamt beträgt 15 Prozent des Rohertrags. Im Ergebnis dürfen aber die tatsächlichen oder kalkulierten Bewirtschaftungskosten eines Objekts nicht unterschritten werden.

(3) Verwaltungskosten im Sinne des Absatzes 1 Satz 2 sind

1.

die Kosten der zur Verwaltung des Grundstücks erforderlichen Arbeitskräfte und Einrichtungen sowie der Aufsicht,

2.

die Kosten für Buchhaltung, Rechnungsprüfung, Zahlungsverkehr und Jahresabschluss sowie

3.

die Kosten für Abschluss und Änderung von Mietverträgen und die Bearbeitung von Versicherungsfällen.

(4) Instandhaltungskosten im Sinne des Absatzes 1 Satz 2 sind Kosten, die infolge Abnutzung, Alterung und Witterung zur Erhaltung des bestimmungsgemäßen Gebrauchs der baulichen Anlage während ihrer Nutzungsdauer aufgewendet werden müssen. Sie umfassen die laufende Instandhaltung und regelmäßige Instandsetzung der baulichen Anlage, nicht jedoch deren Modernisierung.

(5) Mietausfallwagnis im Sinne des Absatzes 1 Satz 2 ist das Wagnis einer Ertragsminderung, die durch uneinbringliche Mietrückstände oder Leerstehen von Raum, der zur Vermietung bestimmt ist, entsteht. Es dient auch zur Deckung der Kosten einer Rechtsverfolgung auf Zahlung oder Aufhebung eines Mietverhältnisses oder Räumung.

(6) Betriebskosten im Sinne des Absatzes 1 Satz 2 sind die Kosten, die durch das Eigentum am Grundstück oder durch den bestimmungsgemäßen Gebrauch des Grundstücks sowie seiner baulichen und sonstigen Anlagen laufend entstehen.

(7) Die Kosten für notwendige Anpassungsmaßnahmen, die zusätzlich zu den Instandhaltungskosten zur Aufrechterhaltung der Marktgängigkeit und der dauerhaften Sicherung des Mietausgangsniveaus notwendig sind, bilden das Modernisierungsrisiko nach Absatz 1 Satz 2. Sie sind als prozentualer Anteil an den Neubaukosten darzustellen.

§ 12 Kapitalisierung der Reinerträge

(1) Der um den Verzinsungsbetrag des Bodenwerts nach § 9 Abs. 2 verminderte Reinertrag ist in Abhängigkeit von der Restnutzungsdauer der baulichen Anlage und dem Kapitalisierungszinssatz mit dem sich daraus ergebenden, finanzmathematisch dem Rentenbarwertfaktor entsprechenden Vervielfältiger nach Anlage 4 zu kapitalisieren.

(2) Bei der Bemessung der Restnutzungsdauer ist im Gegensatz zur technischen Lebensdauer ausschließlich auf den Zeitraum abzustellen, in dem die bauliche Anlage bei ordnungsgemäßer Unterhaltung und Bewirtschaftung noch wirtschaftlich betrieben werden kann. Die wirtschaftliche Restnutzungsdauer ist unter Berücksichtigung der sich in zunehmend kürzer werdenden zeitlichen Abständen wandelnden Nutzeranforderungen objektspezifisch anhand der Fragestellung, wie lange die Vermietbarkeit des Objekts zu den angenommenen Erträgen gesichert erscheint, einzuschätzen. Die in Anlage 2 genannten

Erfahrungssätze für die Nutzungsdauer baulicher Anlagen sind zu berücksichtigen.

(3) Der Kapitalisierungszinssatz entspricht dem angenommenen Zinssatz, mit dem die künftig erzielbaren nachhaltigen Reinerträge eines Grundstücks auf den Zeitraum ihrer angenommenen Zahlung nach vorsichtiger Schätzung erfahrungsgemäß diskontiert werden. Er muss aus der regional maßgeblichen langfristigen Marktentwicklung abgeleitet werden. Je höher das Ertrags- und Verkaufsrisiko der Immobilie einzustufen ist, umso höher muss auch der Kapitalisierungszinssatz gewählt werden. Verschiedene Nutzungsarten sind jeweils gesondert zu betrachten.

(4) Bei wohnwirtschaftlicher Nutzung darf der Kapitalisierungszinssatz nicht unter 5 Prozent, bei gewerblicher Nutzung unbeschadet des Satzes 3 nicht unter 6 Prozent in Ansatz gebracht werden (Mindestsätze). Die in Anlage 3 genannten Bandbreiten für einzelne Nutzungsarten sind zugrunde zu legen. Die untere Grenze der jeweiligen Bandbreite darf bei gewerblich genutzten Objekten um höchstens 0,5 Prozentpunkte unterschritten werden, wenn es sich um erstklassige Immobilien handelt. Dies ist dann der Fall, wenn mindestens folgende Kriterien erfüllt sind:

1.

eine sehr gute Lage im Verdichtungsraum,

2.

ein entsprechend der jeweiligen Objektart bevorzugter Standort,

3.

eine gute Infrastruktur,

4.

eine gute Konzeption,

5.

eine hochwertige Ausstattung,

6.

eine hochwertige Bauweise,

7.

eine besonders hohe Marktgängigkeit,

8.

die Beschränkung auf die Nutzungsarten Handel, Büro und Geschäfte,

9.

ein sehr guter Objektzustand und

10.

die gegebene Möglichkeit anderweitiger Nutzungen.

Ein Unterschreiten nach Satz 3 bedarf im Gutachten der besonderen, nachvollziehbaren Begründung.

§ 13 Ermittlung des Ertragswerts in besonderen Fällen

(1) Verbleibt bei der Minderung des Reinertrags um den Verzinsungsbetrag des Bodenwerts nach § 9 Abs. 2 kein Anteil für die Ermittlung des Ertragswerts der baulichen Anlage, so ist als Ertragswert des Beleihungsobjekts abweichend von § 8 Abs. 3 nur der Bodenwert anzusetzen. Der Bodenwert ist in diesem Fall um die gewöhnlichen Kosten zu mindern, die aufzuwenden wären, um das Grundstück vergleichbaren unbebauten Grundstücken anzugleichen.

Gewöhnliche Kosten im Sinne des Satzes 2 sind insbesondere die Abbruchkosten für die baulichen Anlagen.

(2) Bei einer Restnutzungsdauer der baulichen Anlage von weniger als 30 Jahren ist auch der Anteil des Bodenwerts am Ertragswert auf die Restnutzungsdauer der baulichen Anlage zu kapitalisieren oder es müssen die Abbruchkosten der baulichen Anlage ermittelt, ausgewiesen und vom Ertragswert abgezogen werden.

(3) In Fällen, in denen der Bodenwert mehr als die Hälfte des Ertragswerts ausmacht, sind im Gutachten die bei der Ermittlung des Bodenwerts zugrunde gelegten Annahmen zu begründen und die Voraussetzungen für eine Ersatzbebauung und die dafür gegebenenfalls notwendigen Aufwendungen besonders darzulegen.

Abschnitt 2
Sachwertverfahren

§ 14 Grundlagen der Sachwertermittlung

Der Sachwert des Beleihungsobjekts setzt sich aus dem Bodenwert und dem nach § 16 zu ermittelnden Wert der baulichen Anlage zusammen. Zu der baulichen Anlage gehören auch die Außenanlagen.

§ 15 Bodenwert

(1) Zur Ermittlung des Bodenwerts sind Erhebungen anzustellen über

1.

die örtliche Lage, die Größe und den Zuschnitt des Grundstücks,

2.

die Art und das Maß der baurechtlich festgesetzten Nutzungsmöglichkeiten und die tatsächliche Nutzung,

3.

die Art und Beschaffenheit der Zuwegungen,

4.

die wichtigsten wirtschaftlichen und verkehrstechnischen Verbindungen,

5.

die Anschlussmöglichkeiten an Versorgungsleitungen und Kanalisation,

6.

die noch anfallenden Erschließungsbeiträge und

7.

vorhandene Richtwerte und Vergleichspreise.

(2) Der Bodenwert ist nach Quadratmetern der Grundstücksfläche anzusetzen. Bei der Ermittlung des Bodenwerts darf keine höherwertige Nutzung als zulässig zugrunde gelegt werden.

§ 16 Wert der baulichen Anlage

(1) Zur Ermittlung des Werts der baulichen Anlage sind die aus Erfahrungssätzen abzuleitenden Herstellungskosten je Raum- oder Flächeneinheit mit der Anzahl der entsprechenden Bezugseinheit des zu bewertenden Gebäudes zu vervielfachen (Herstellungswert). Die angesetzten Herstellungskosten müssen regional und objektspezifisch angemessen sein. Wertmäßig zu berücksichtigen sind dabei insbesondere

1.

die beabsichtigte und mögliche Verwendung,

2.

der Umfang und die Raumaufteilung,

3.

die Bauweise und die für den Rohbau verwendeten Materialien,

4.

die Ausstattung und die wertbeeinflussenden Nebenanlagen,

5.

das Alter und der Erhaltungszustand nach Maßgabe des § 17,

6.

sonstige wertbeeinflussende Umstände nach Maßgabe des § 18.
Die Kosten für Außenanlagen dürfen im Regelfall mit nicht mehr als 5
Prozent des Herstellungswerts angesetzt werden.

(2) Um eventuellen Baupreissenkungen und damit der nachhaltigen
Gültigkeit der Ansätze Rechnung zu tragen, ist der nach Absatz 1
ermittelte Herstellungswert um einen Sicherheitsabschlag von
mindestens 10 Prozent zu kürzen. Aus allen Bewertungen müssen der
Ausgangswert je Raum- oder Flächeneinheit, der Sicherheitsabschlag
sowie gegebenenfalls die Wertminderung wegen Alters ersichtlich sein.

(3) Baunebenkosten, insbesondere Kosten für Planung,
Baudurchführung, behördliche Prüfungen und Genehmigungen,
können nur in üblicher Höhe und soweit Berücksichtigung finden, wie
ihnen eine dauernde Werterhöhung entspricht. Der Ansatz von
Baunebenkosten ist auf bis zu 20 Prozent des nach Absatz 2
verminderten Herstellungswerts beschränkt.

§ 17 Wertminderung wegen Alters

(1) Die Wertminderung wegen Alters bestimmt sich nach dem Verhältnis der Restnutzungsdauer zur Nutzungsdauer der baulichen Anlage; sie ist in einem Prozentsatz des Herstellungswerts auszudrücken. Bei der Bestimmung der Wertminderung kann je nach Art und Nutzung der baulichen Anlage von einer gleichmäßigen oder von einer mit zunehmendem Alter sich verändernden Wertminderung ausgegangen werden.

(2) Ist die bei ordnungsgemäßem Gebrauch übliche Nutzungsdauer der baulichen Anlage durch Instandsetzungen oder Modernisierungen verlängert worden oder haben unterlassene Instandhaltung oder andere Gegebenheiten zu einer Verkürzung der Restnutzungsdauer geführt, soll der Bestimmung der Wertminderung wegen Alters die geänderte Restnutzungsdauer und die für die bauliche Anlage übliche Nutzungsdauer zugrunde gelegt werden.

§ 18 Berücksichtigung sonstiger wertbeeinflussender Umstände

Sonstige nach den §§ 16 und 17 noch nicht erfasste, den Wert beeinflussende Umstände, insbesondere eine wirtschaftliche Überalterung, ein über- oder unterdurchschnittlicher Erhaltungszustand und ein erhebliches Abweichen der tatsächlichen von der vorgesehenen Nutzung, sind durch Zu- oder Abschläge oder in anderer geeigneter Weise zu berücksichtigen.

Abschnitt 3

Vergleichswertverfahren

§ 19 Ermittlung des Vergleichswerts

(1) Zur Ermittlung des Vergleichswerts sind nachhaltig erzielbare Vergleichspreise von Objekten heranzuziehen, die hinsichtlich der maßgeblich ihren Wert beeinflussenden Merkmale, insbesondere Lage, Ausstattung und Nutzungsmöglichkeiten, mit dem zu bewertenden Objekt hinreichend übereinstimmen; die Vergleichspreise können aus Kaufpreis- oder anderen Marktdatensammlungen entnommen werden. Von dem so ermittelten Ausgangswert ist ein Sicherheitsabschlag in Höhe von mindestens 10 Prozent in Abzug zu bringen.

(2) Bei Wohnungs- oder Teileigentum ergibt sich der Ausgangswert des zu bewertenden Objekts aus der Vervielfachung des Vergleichspreises je Quadratmeter Wohn- beziehungsweise Nutzfläche mit der gesamten Fläche des zu bewertenden Wohnungs- oder Teileigentums, im Falle von Stellplätzen aus der Vervielfachung des Vergleichspreises für einen Stellplatz mit der Anzahl der zu bewertenden Stellplätze; Absatz 1 Satz 2 gilt entsprechend.

Abschnitt 4
Besonderheiten bei einzelnen Objekten

§ 20 Bauland

Bei der Wertermittlung von Bauland ist sowohl dessen Entwicklungszustand als auch der künftige Bedarf an Baugrundstücken zu prüfen. Zu Bebauungsrecht, Erschließungszustand und eventuellen Altlasten ist im Gutachten Stellung zu nehmen. Nur gesichertes

Bebauungsrecht darf berücksichtigt werden. Der Wertansatz ist unter Berücksichtigung der vorgefundenen Grundstücksmerkmale aus geeigneten Vergleichswerten abzuleiten. § 15 Abs. 2 ist entsprechend anzuwenden.

§ 21 Erbbaurechte und andere grundstücksgleiche Rechte

Bei der Beleihung von Erbbaurechten ist die Restlaufzeit des Erbbaurechts zu berücksichtigen. Sich aus dem Erbbaurecht ergebenden Einschränkungen ist durch angemessene Wertabschläge ausreichend Rechnung zu tragen. Im Gutachten ist darzulegen, ob und wie lange das Erbbaurecht im Hinblick auf seine Laufzeit und die bei seiner Beendigung für das Bauwerk vereinbarte Entschädigungsregelung angemessen verwertbar erscheint. Die Regelung gilt für andere grundstücksgleiche Rechte und solche Rechte einer ausländischen Rechtsordnung, die den grundstücksgleichen Rechten deutschen Rechts vergleichbar sind, entsprechend.

§ 22 Landwirtschaftlich genutzte Grundstücke

(1) Landwirtschaftlich genutzte Grundstücke sind solche, deren überwiegender Teil des Rohertrags durch land- oder forstwirtschaftliche Nutzung erzielt wird.

(2) Im Falle unbebauter Grundstücke (Acker, Grünland, Obst- und Weinbauflächen, Wald) ist der Wert der Grundstücke unter Berücksichtigung der vorgefundenen Grundstücksmerkmale aus geeigneten Vergleichspreisen abzuleiten; § 15 ist entsprechend anzuwenden. Dabei sind Art, Struktur und Größe des Grundstücks im

Hinblick auf regionale Gegebenheiten unter besonderer Berücksichtigung der Bodenqualität und der klimatischen Bedingungen im Gutachten besonders zu würdigen und bei der Ableitung des Bodenwerts zu berücksichtigen.

(3) Sofern bebaute Grundstücke bei der Bewertung einbezogen werden sollen, sind für diese jeweils der Ertragswert und der Sachwert zu ermitteln. Den Gebäuden kann ein eigenständiger Wert, der bei der Beleihungswertermittlung berücksichtigt werden kann, nur dann beigemessen werden, wenn sie selbständig und auch außerhalb des jeweiligen landwirtschaftlichen Betriebs genutzt werden können. § 4 Abs. 4 ist entsprechend anzuwenden.

§ 23 Maschinen und Betriebseinrichtungen

Maschinen und Betriebseinrichtungen sind bei der Ermittlung des Sachwerts grundsätzlich unberücksichtigt zu lassen, sofern sie nicht wesentliche Bestandteile des Gegenstands der Beleihungswertermittlung im Sinne des § 2 sind. Der Wert solcher wesentlicher Bestandteile ist, wenn sich das Grundpfandrecht darauf erstreckt, unter Berücksichtigung einer normalen Abschreibung und ausreichender Abschläge für Abnutzung und technische Entwertung gesondert zu schätzen. Sofern bei Maschinen infolge der technischen Entwicklung mit einer schnellen Überalterung zu rechnen ist, können diese wertmäßig nicht angesetzt werden.

§ 24 Wohnwirtschaftlich genutzte Objekte bei Vergabe von
Kleindarlehen

(1) Bei der Beleihung eines im Inland gelegenen wohnwirtschaftlich
genutzten Objekts kann auf die Erstellung eines Gutachtens nach § 5
verzichtet werden, wenn der auf dem Objekt abzusichernde
Darlehensbetrag unter Einbeziehung aller Vorlasten den Betrag von
400.000 Euro nicht übersteigt. Bei einer teilweise gewerblichen
Nutzung des Objekts darf jedoch der darauf entfallende Ertragsanteil
ein Drittel des Rohertrags nicht überschreiten. Anstelle des Gutachtens
ist eine vereinfachte Wertermittlung zu erstellen oder erstellen zu
lassen, die den übrigen Anforderungen dieser Verordnung genügen
muss.

(2) Die Person, die im Falle des Absatzes 1 die Wertermittlung
durchführt und erstellt, muss für die Beleihungswertermittlung der dort
genannten Objekte ausreichend geschult und qualifiziert sein. Sie darf
nicht identisch sein mit der Person, die die abschließende
Kreditentscheidung trifft oder den Beleihungswert festsetzt; § 7 Abs. 1
Satz 2 gilt entsprechend. Die Pfandbriefbank hat die
Ordnungsmäßigkeit der Wertermittlungen mittels einer in regelmäßigen
Abständen durch Gutachter vorzunehmenden Überprüfung einer
hinreichend großen Zahl repräsentativer Stichproben sicherzustellen;
die §§ 6 und 7 sind entsprechend anzuwenden.

(3) Abweichend von § 4 Abs. 1 Satz 3 kann in Fällen des Absatzes 1
eine Besichtigung des zu bewertenden Objekts dann unterbleiben,
wenn

1.

das Objekt der Pfandbriefbank oder dem mit der Pfandbriefbank kooperierenden Kreditinstitut oder Versicherungsunternehmen bereits bekannt ist, wobei Bekanntheit nur dann angenommen werden kann, wenn das Objekt in den letzten beiden Jahren von einem Mitarbeiter der Pfandbriefbank oder des kooperierenden Kreditinstituts oder Versicherungsunternehmens oder im Auftrag der Pfandbriefbank oder des kooperierenden Kreditinstituts oder Versicherungsunternehmens besichtigt worden ist,

2.

es sich um die Beleihung einer Eigentumswohnung handelt, die in einem Gebäude belegen ist, in dem die Pfandbriefbank bereits zumindest eine gleichartige Wohnung innerhalb der letzten zwei Jahre besichtigt hat,

3.

bei Beleihung eines in einer Siedlung von gleichartigen Einfamilienhäusern belegenen Einfamilienhauses die Pfandbriefbank zumindest ein gleichartiges Objekt in dieser Siedlung innerhalb der letzten zwei Jahre besichtigt hat oder

4.

bei Beleihung eines neu errichteten Fertighauses der Pfandbriefbank oder dem kooperierenden Kreditinstitut oder Versicherungsunternehmen der Bauplatz bekannt ist und das Fertighaus nach Art und Typus anhand des Katalogs des Herstellers eindeutig bestimmt werden kann.

Die Gründe für das Unterbleiben der Besichtigung sind in nachvollziehbarer Weise zu dokumentieren.

(3a) Abweichend von § 4 Absatz 1 Satz 3 kann in den Fällen des Absatzes 1 auf eine Innenbesichtigung des zu bewertenden Objekts verzichtet werden, wenn der Person, die die Wertermittlung durchführt, die wesentlichen Bewertungsparameter hinreichend bekannt sind und

1.

die Immobilie innerhalb der letzten zehn Jahre fertiggestellt worden ist, wobei die Gründe für den Verzicht auf die Innenbesichtigung in nachvollziehbarer Weise zu dokumentieren sind, oder

2.

ein Abschlag in Höhe von mindestens 10 Prozent auf das Ergebnis der Beleihungswertermittlung vorgenommen wird.

(4) Bei Erwerb einer Vielzahl von Darlehensforderungen im Sinne des Absatzes 1 von anderen Kreditinstituten oder Versicherungsunternehmen können von diesen oder für diese erstellte vereinfachte Wertermittlungen zugrunde gelegt werden, wenn

1.

diese Wertermittlungen den Bestimmungen des Absatzes 1 Satz 3 und des Absatzes 2 Satz 1 und 2 entsprechen,

2.

ein nicht mit der Kreditentscheidung befasster, fachkundiger Mitarbeiter der Pfandbriefbank eine Plausibilitätsprüfung, auch im

Hinblick auf die einzelnen angesetzten Bewertungsparameter, durchführt und

3.

das Ergebnis der Plausibilitätsprüfung dokumentiert wird.

Die nach Satz 1 Nr. 2 erforderliche Plausibilitätsprüfung kann auf eine repräsentative, das erworbene Portfolio regional und objektmäßig abbildende Anzahl von Bewertungen beschränkt werden. Ergibt sich hierbei, dass die seinerzeit ermittelten Werte der Beleihungsobjekte nicht nur in Einzelfällen zu hoch angesetzt worden sind oder ergeben sich sonstige Zweifel bezüglich der Angemessenheit der ermittelten Werte, so ist in Abhängigkeit vom Ergebnis der Überprüfung die Stichprobe angemessen auszuweiten oder eine Einzelprüfung aller Bewertungen für bestimmte Regionen oder Objekttypen oder eine vollständige Neubewertung bestimmter oder aller Beleihungsobjekte nach Absatz 1 Satz 3 in Verbindung mit Absatz 2 Satz 1 und 2 durchzuführen. Die Wertermittlungen nach Satz 1 sind in die nach Absatz 2 Satz 3 vorzunehmende Überprüfung einzubeziehen.

Abschnitt 5

Im Ausland belegene Objekte

§ 25 Beleihungen im Ausland

(1) Die Ermittlung des Beleihungswerts von außerhalb der Bundesrepublik Deutschland belegenen Objekten ist nach den §§ 1 bis 23 und 26 durchzuführen, soweit in den Absätzen 2 bis 5 nichts Abweichendes bestimmt ist.

(2) Bei der Ermittlung des Beleihungswerts können wesentliche Informationen, Daten und Einschätzungen aus einem in Bezug auf das zu bewertende Objekt erstellten landesspezifischen Gutachten herangezogen werden, sofern dieses Gutachten auf transparenten und von Fachkreisen anerkannten Bewertungsmethoden beruht und die wesentlichen Informationen zur Ermittlung des Beleihungswerts enthält. Das landesspezifische Gutachten darf zum Zeitpunkt der Beleihungswertermittlung nicht älter als zwei Jahre sein und muss den Vorgaben des § 4 Abs. 1 Satz 3, des § 5 Abs. 2 Satz 1 und 3 und Abs. 3 sowie der §§ 6 und 7 entsprechend erstellt worden sein. Die aus dem landesspezifischen Gutachten entnommenen Daten und Parameter sind in dem nach § 5 Abs. 1 zu erstellenden Beleihungswertgutachten kenntlich zu machen. Auf eine erneute Besichtigung des Objekts im Rahmen der Beleihungswertermittlung kann verzichtet werden, wenn das landesspezifische Gutachten die im Rahmen der seinerzeitigen Besichtigung gewonnenen Erkenntnisse ausreichend beschreibt sowie alle notwendigen Informationen zu Lage, Ausstattung und Zustand des Objekts enthält.

(3) Bei der Ableitung des anzusetzenden Kapitalisierungszinssatzes nach § 12 Abs. 3 sind die in dem jeweiligen Markt nicht nur kurzfristig erreichten Spitzenwerte angemessen zu gewichten.

(4) Sofern eine Berücksichtigung der wirtschaftlichen Restnutzungsdauer im Sinne des § 12 Abs. 2 in landesspezifischen Wertermittlungen unüblich oder nicht ausgewiesen ist, kann zur Ermittlung des Vervielfältigers nach § 12 Abs. 1 eine Restnutzungsdauer von 100 Jahren zugrunde gelegt werden, sofern

119

die geringere tatsächliche Restnutzungsdauer durch zusätzliche Gebäudeabschreibungen im Rahmen der Abzüge für Bewirtschaftungskosten kompensiert wird.

(5) Sieht die jeweilige landesspezifische Bewertungsmethodik üblicherweise einen Abzug von Bewirtschaftungskosten nicht oder nur in stark verminderter Form vor, kann der in § 11 Abs. 2 Satz 3 vorgeschriebene Mindestabzug auch in Form eines ergebnisgleichen Äquivalents durch Ansatz eines erhöhten Kapitalisierungszinssatzes erfolgen.

Abschnitt 6
Überprüfung der Beleihungswertermittlung

§ 26 Überprüfung der Grundlagen der Beleihungswertermittlung

(1) Bestehen Anhaltspunkte, dass sich die Grundlagen der Beleihungswertermittlung nicht nur unerheblich verschlechtert haben, sind diese zu überprüfen. Dies gilt insbesondere dann, wenn das allgemeine Preisniveau auf dem jeweiligen regionalen Immobilienmarkt in einem die Sicherheit der Beleihung gefährdenden Umfang gesunken ist. Sofern es sich nicht um eigengenutzte Wohnimmobilien handelt, ist eine Überprüfung auch dann vorzunehmen, wenn die auf dem Beleihungsobjekt abgesicherte Forderung einen wesentlichen Leistungsrückstand von mindestens 90 Tagen aufweist. Der Beleihungswert ist bei Bedarf zu mindern.

(2) Soweit nach anderen Vorschriften eine weitergehende Verpflichtung zur Überprüfung des Beleihungswerts besteht, bleibt diese unberührt.

Teil 4

Schlussvorschriften

§ 27 Bezugsquelle der DIN-Norm

Die in § 6 Satz 1 genannte DIN-Norm ist im Beuth Verlag GmbH, Berlin erschienen und im Deutschen Patent- und Markenamt in München archivmäßig gesichert niedergelegt.

§ 28 Inkrafttreten

Diese Verordnung tritt am 1. August 2006 in Kraft.

Anlage 1 (zu § 11 Abs. 2)
Bandbreite der Einzelkostenansätze für die Ermittlung der
Bewirtschaftungskosten

Fundstelle des Originaltextes: BGBl. I 2006, 1182
Verwaltungskosten

a)
Wohnungsbau
Bandbreiten der Kosten, kalkuliert auf Basis der Einheiten:
–
Wohnungen: 200,00 bis 275,00 Euro
–
Garagen: 25,00 bis 50,00 Euro

b)
Gewerbliche Objekte
Bandbreite: 1% bis 3% des Jahresrohertrages
In jedem Einzelfall ist darauf zu achten, dass der ausgewiesene absolute Betrag unzweifelhaft für eine ordnungsgemäße Verwaltung angemessen ist.
Instandhaltungskosten
Kalkulationsbasis: Herstellungskosten pro qm Wohn- oder Nutzfläche (ohne Baunebenkosten und Außenanlagen). Die untere Grenze der Bandbreite ist in der Regel für neue, die obere Grenze für ältere

Objekte angemessen. Objektzustand, Ausstattungsgrad und Alter sind bei der Bemessung der Instandhaltungskosten zu berücksichtigen.

a)

z. B. Lager- und Produktionshallen mit Herstellungskosten von 250,00 bis 500,00 Euro/qm:
0,8% bis 1,2%, absolute Untergrenze: 2,50 Euro/qm

b)

z. B. gewerbliche Objekte einfachen Standards und SB-Verbrauchermärkte mit Herstellungskosten von mehr als 500,00 Euro/qm:
0,8% bis 1,2%, absolute Untergrenze: 5,00 Euro/qm

c)

z. B. Wohngebäude und gewerbliche Gebäude mit mittlerem Standard und Herstellungskosten von mehr als 1.000,00 Euro/qm:
0,5% bis 1%, absolute Untergrenze: 7,50 Euro/qm

d)

z. B. hochwertige Büro- und Handels- und andere gewerbliche Objekte mit Herstellungskosten von mehr als 2.000,00 Euro/qm:
0,4% bis 1%, absolute Untergrenze: 9,00 Euro/qm

e)

Garagen und Tiefgaragenstellplätze: 30,00 bis 80,00 Euro je Stellplatz

Mietausfallwagnis

a)

Wohnungsbau: 2% oder mehr

b)

Gewerbliche Objekte: 4% oder mehr

Modernisierungsrisiko
Berechnungsbasis sind die Herstellungskosten (ohne Baunebenkosten und Außenanlagen)

a)

Kein Modernisierungsrisiko
(z. B. normale Wohnhäuser, kleinere Wohn- und Geschäftshäuser, kleine und mittlere Bürogebäude, Lager- und Produktionshallen):
0% bis 0,3%

b)

geringes Modernisierungsrisiko

(z. B. größere Bürogebäude, Wohn-, Büro- und Geschäftshäuser mit besonderen Ausstattungsmerkmalen, Einzelhandel mit einfachem Standard): 0,2% bis 1,2%

c)

höheres Modernisierungsrisiko
(z. B. innerstädtische Hotels, Einzelhandel mit höherem Standard, Freizeitimmobilien mit einfachem Standard): 0,5% bis 2%

d)

sehr hohes Modernisierungsrisiko
(z. B. Sanatorien, Kliniken, Freizeitimmobilien mit höherem Standard, Hotels und Einzelhandelsobjekte mit besonders hohem Standard): 0,75% bis 3%

Anlage 2 (zu § 12 Abs. 2)
Erfahrungssätze für die Nutzungsdauer baulicher Anlagen

Fundstelle des Originaltextes: BGBl. I 2006, 1183

A)

Wohnwirtschaftliche Nutzung (in Deutschland belegene Objekte):
Wohnhäuser:
25 bis 80 Jahre

B)

Gewerbliche Nutzung (in Deutschland belegene Objekte):

a)

Geschäfts- und Bürohäuser:
30 bis 60 Jahre

b)

Warenhäuser, Einkaufszentren:
15 bis 50 Jahre

c)

Hotels und Gaststätten:
15 bis 40 Jahre

d)

Landwirtschaftlich genutzte Objekte:
15 bis 40 Jahre

e)

Kliniken, Reha-Einrichtungen, Alten- und Pflegeheime:
15 bis 40 Jahre

f)

Lagerhallen, Produktionsgebäude:
15 bis 40 Jahre
g)
Freizeitimmobilien (z. B. Sportanlagen):
15 bis 30 Jahre
h)
Parkhäuser:
15 bis 40 Jahre
i)
SB- und Fachmärkte, Verbrauchermärkte:
10 bis 30 Jahre
j)
Tankstellen:
10 bis 30 Jahre

Anlage 3 (zu § 12 Abs. 4)
Bandbreiten für Kapitalisierungszinssätze

Fundstelle des Originaltextes: BGBl. I 2006, 1184

A)
Wohnwirtschaftliche Nutzung (in Deutschland belegene Objekte):
Wohnhäuser:
5,0% bis 8,0%
B)
Gewerbliche Nutzung (in Deutschland belegene Objekte):
a)
Geschäftshäuser:
6,0% bis 7,5%
b)
Bürohäuser:
6,0% bis 7,5%
c)
Warenhäuser:
6,5% bis 8,0%
d)
SB- und Fachmärkte:
6,5% bis 8,5%
e)
Hotels und Gaststätten:

6,5% bis 8,5%

f)
    Kliniken, Reha-Einrichtungen:
6,5% bis 8,5%

g)
    Alten- und Pflegeheime:
6,5% bis 8,5%

h)
    Landwirtschaftlich genutzte Objekte:
6,5% bis 8,5%

i)
    Verbrauchermärkte, Einkaufszentren:
6,5% bis 9,0%

j)
    Freizeitimmobilien (z. B. Sportanlagen):
6,5% bis 9,0%

k)
    Parkhäuser, Tankstellen:
6,5% bis 9,0%

l)
    Lagerhallen:
6,5% bis 9,0%

m)
    Produktionsgebäude:
7,0% bis 9,0%

Anlage 4 (zu § 12 Abs. 1)
Vervielfältigertabelle

(Fundstelle des Originaltextes: BGBl. I 2006, 1185 - 1186)

Bei einer Restnutzungsdauer von ... Jahren	bei einem Kapitalisierungszinssatz in Höhe von ... Prozent										
	5	5,5	6	6,5	7	7,5	8	8,5	9	9,5	10
1	0,95	0,95	0,94	0,94	0,93	0,93	0,93	0,92	0,92	0,91	0,91
2	1,86	1,85	1,83	1,82	1,81	1,80	1,78	1,77	1,76	1,75	1,74
3	2,72	2,70	2,67	2,65	2,62	2,60	2,58	2,55	2,53	2,51	2,49
4	3,55	3,51	3,47	3,43	3,39	3,35	3,31	3,28	3,24	3,20	3,17
5	4,33	4,27	4,21	4,16	4,10	4,05	3,99	3,94	3,89	3,84	3,79
6	5,08	5,00	4,92	4,84	4,77	4,69	4,62	4,55	4,49	4,42	4,36

7	5,79	5,68	5,58	5,48	5,39	5,30	5,21	5,12	5,03	4,95	4,87
8	6,46	6,33	6,21	6,09	5,97	5,86	5,75	5,64	5,53	5,43	5,33
9	7,11	6,95	6,80	6,66	6,52	6,38	6,25	6,12	6,00	5,88	5,76
10	7,72	7,54	7,36	7,19	7,02	6,86	6,71	6,56	6,42	6,28	6,14
11	8,31	8,09	7,89	7,69	7,50	7,32	7,14	6,97	6,81	6,65	6,50
12	8,86	8,62	8,38	8,16	7,94	7,74	7,54	7,34	7,16	6,98	6,81
13	9,39	9,12	8,85	8,60	8,36	8,13	7,90	7,69	7,49	7,29	7,10
14	9,90	9,59	9,29	9,01	8,75	8,49	8,24	8,01	7,79	7,57	7,37
15	10,38	10,04	9,71	9,40	9,11	8,83	8,56	8,30	8,06	7,83	7,61
16	10,84	10,46	10,11	9,77	9,45	9,14	8,85	8,58	8,31	8,06	7,82
17	11,27	10,86	10,48	10,11	9,76	9,43	9,12	8,83	8,54	8,28	8,02
18	11,69	11,25	10,83	10,43	10,06	9,71	9,37	9,06	8,76	8,47	8,20
19	12,09	11,61	11,16	10,73	10,34	9,96	9,60	9,27	8,95	8,65	8,36
20	12,46	11,95	11,47	11,02	10,59	10,19	9,82	9,46	9,13	8,81	8,51
21	12,82	12,28	11,76	11,28	10,84	10,41	10,02	9,64	9,29	8,96	8,65
22	13,16	12,58	12,04	11,54	11,06	10,62	10,20	9,81	9,44	9,10	8,77
23	13,49	12,88	12,30	11,77	11,27	10,81	10,37	9,96	9,58	9,22	8,88
24	13,80	13,15	12,55	11,99	11,47	10,98	10,53	10,10	9,71	9,33	8,98
25	14,09	13,41	12,78	12,20	11,65	11,15	10,67	10,23	9,82	9,44	9,08
26	14,38	13,66	13,00	12,39	11,83	11,30	10,81	10,35	9,93	9,53	9,16
27	14,64	13,90	13,21	12,57	11,99	11,44	10,94	10,46	10,03	9,62	9,24
28	14,90	14,12	13,41	12,75	12,14	11,57	11,05	10,57	10,12	9,70	9,31
29	15,14	14,33	13,59	12,91	12,28	11,70	11,16	10,66	10,20	9,77	9,37
30	15,37	14,53	13,76	13,06	12,41	11,81	11,26	10,75	10,27	9,83	9,43
31	15,59	14,72	13,93	13,20	12,53	11,92	11,35	10,83	10,34	9,89	9,48
32	15,80	14,90	14,08	13,33	12,65	12,02	11,43	10,90	10,41	9,95	9,53

33	16,00	15,08	14,23	13,46	12,75	12,11	11,51	10,97	10,46	10,00	9,57
34	16,19	15,24	14,37	13,58	12,85	12,19	11,59	11,03	10,52	10,05	9,61
35	16,37	15,39	14,50	13,69	12,95	12,27	11,65	11,09	10,57	10,09	9,64
36	16,55	15,54	14,62	13,79	13,04	12,35	11,72	11,14	10,61	10,13	9,68
37	16,71	15,67	14,74	13,89	13,12	12,42	11,78	11,19	10,65	10,16	9,71
38	16,87	15,80	14,85	13,98	13,19	12,48	11,83	11,23	10,69	10,19	9,73
39	17,02	15,93	14,95	14,06	13,26	12,54	11,88	11,28	10,73	10,22	9,76
40	17,16	16,05	15,05	14,15	13,33	12,59	11,92	11,31	10,76	10,25	9,78
41	17,29	16,16	15,14	14,22	13,39	12,65	11,97	11,35	10,79	10,27	9,80
42	17,42	16,26	15,22	14,29	13,45	12,69	12,01	11,38	10,81	10,29	9,82
43	17,55	16,36	15,31	14,36	13,51	12,74	12,04	11,41	10,84	10,31	9,83
44	17,66	16,46	15,38	14,42	13,56	12,78	12,08	11,44	10,86	10,33	9,85
45	17,77	16,55	15,46	14,48	13,61	12,82	12,11	11,47	10,88	10,35	9,86
46	17,88	16,63	15,52	14,54	13,65	12,85	12,14	11,49	10,90	10,36	9,88
47	17,98	16,71	15,59	14,59	13,69	12,89	12,16	11,51	10,92	10,38	9,89
48	18,08	16,79	15,65	14,64	13,73	12,92	12,19	11,53	10,93	10,39	9,90
49	18,17	16,86	15,71	14,68	13,77	12,95	12,21	11,55	10,95	10,40	9,91
50	18,26	16,93	15,76	14,72	13,80	12,97	12,23	11,57	10,96	10,41	9,91
51	18,34	17,00	15,81	14,76	13,83	13,00	12,25	11,58	10,97	10,42	9,92
52	18,42	17,06	15,86	14,80	13,86	13,02	12,27	11,60	10,99	10,43	9,93
53	18,49	17,12	15,91	14,84	13,89	13,04	12,29	11,61	11,00	10,44	9,94
54	18,57	17,17	15,95	14,87	13,92	13,06	12,30	11,62	11,01	10,45	9,94

55	18,63	17,23	15,99	14,90	13,94	13,08	12,32	11,63	11,01	10,45	9,95
56	18,70	17,28	16,03	14,93	13,96	13,10	12,33	11,64	11,02	10,46	9,95
57	18,76	17,32	16,06	14,96	13,98	13,12	12,34	11,65	11,03	10,47	9,96
58	18,82	17,37	16,10	14,99	14,00	13,13	12,36	11,66	11,04	10,47	9,96
59	18,88	17,41	16,13	15,01	14,02	13,15	12,37	11,67	11,04	10,48	9,96
60	18,93	17,45	16,16	15,03	14,04	13,16	12,38	11,68	11,05	10,48	9,97
61	18,98	17,49	16,19	15,05	14,06	13,17	12,39	11,68	11,05	10,48	9,97
62	19,03	17,52	16,22	15,07	14,07	13,18	12,39	11,69	11,06	10,49	9,97
63	19,08	17,56	16,24	15,09	14,08	13,19	12,40	11,70	11,06	10,49	9,98
64	19,12	17,59	16,27	15,11	14,10	13,20	12,41	11,70	11,07	10,49	9,98
65	19,16	17,62	16,29	15,13	14,11	13,21	12,42	11,71	11,07	10,50	9,98
66	19,20	17,65	16,31	15,14	14,12	13,22	12,42	11,71	11,07	10,50	9,98
67	19,24	17,68	16,33	15,16	14,13	13,23	12,43	11,71	11,08	10,50	9,98
68	19,28	17,70	16,35	15,17	14,14	13,24	12,43	11,72	11,08	10,50	9,98
69	19,31	17,73	16,37	15,19	14,15	13,24	12,44	11,72	11,08	10,51	9,99
70	19,34	17,75	16,38	15,20	14,16	13,25	12,44	11,73	11,08	10,51	9,99
71	19,37	17,78	16,40	15,21	14,17	13,25	12,45	11,73	11,09	10,51	9,99
72	19,40	17,80	16,42	15,22	14,18	13,26	12,45	11,73	11,09	10,51	9,99
73	19,43	17,82	16,43	15,23	14,18	13,27	12,45	11,73	11,09	10,51	9,99
74	19,46	17,84	16,44	15,24	14,19	13,27	12,46	11,74	11,09	10,51	9,99
75	19,48	17,85	16,46	15,25	14,20	13,27	12,46	11,74	11,09	10,51	9,99
76	19,51	17,87	16,47	15,26	14,20	13,28	12,46	11,74	11,10	10,52	9,99

77	19,53	17,89	16,48	15,26	14,21	13,28	12,47	11,74	11,10	10,52	9,99
78	19,56	17,90	16,49	15,27	14,21	13,29	12,47	11,74	11,10	10,52	9,99
79	19,58	17,92	16,50	15,28	14,22	13,29	12,47	11,75	11,10	10,52	9,99
80	19,60	17,93	16,51	15,28	14,22	13,29	12,47	11,75	11,10	10,52	10,00
81	19,62	17,94	16,52	15,29	14,23	13,30	12,48	11,75	11,10	10,52	10,00
82	19,63	17,96	16,53	15,30	14,23	13,30	12,48	11,75	11,10	10,52	10,00
83	19,65	17,97	16,53	15,30	14,23	13,30	12,48	11,75	11,10	10,52	10,00
84	19,67	17,98	16,54	15,31	14,24	13,30	12,48	11,75	11,10	10,52	10,00
85	19,68	17,99	16,55	15,31	14,24	13,30	12,48	11,75	11,10	10,52	10,00
86	19,70	18,00	16,56	15,32	14,24	13,31	12,48	11,75	11,10	10,52	10,00
87	19,71	18,01	16,56	15,32	14,25	13,31	12,48	11,75	11,10	10,52	10,00
88	19,73	18,02	16,57	15,32	14,25	13,31	12,49	11,76	11,11	10,52	10,00
89	19,74	18,03	16,57	15,33	14,25	13,31	12,49	11,76	11,11	10,52	10,00
90	19,75	18,03	16,58	15,33	14,25	13,31	12,49	11,76	11,11	10,52	10,00
91	19,76	18,04	16,58	15,33	14,26	13,31	12,49	11,76	11,11	10,52	10,00
92	19,78	18,05	16,59	15,34	14,26	13,32	12,49	11,76	11,11	10,52	10,00
93	19,79	18,06	16,59	15,34	14,26	13,32	12,49	11,76	11,11	10,52	10,00
94	19,80	18,06	16,60	15,34	14,26	13,32	12,49	11,76	11,11	10,52	10,00
95	19,81	18,07	16,60	15,35	14,26	13,32	12,49	11,76	11,11	10,52	10,00
96	19,82	18,08	16,60	15,35	14,26	13,32	12,49	11,76	11,11	10,52	10,00
97	19,82	18,08	16,61	15,35	14,27	13,32	12,49	11,76	11,11	10,52	10,00
98	19,83	18,09	16,61	15,35	14,27	13,32	12,49	11,76	11,11	10,52	10,00

| 99 | 19,84 | 18,09 | $16,6_1$ | 15,35 | 14,27 | 13,32 | 12,49 | 11,76 | 11,11 | 10,52 | 10,00 |
| 100 | 19,85 | 18,10 | $16,6_2$ | 15,36 | 14,27 | 13,32 | 12,49 | 11,76 | 11,11 | 10,53 | 10,00 |

www.ingramcontent.com/pod-product-compliance
Lightning Source LLC
Chambersburg PA
CBHW070903180526
45168CB00005B/1907